アカデミック・ジャパニーズの挑戦

門倉正美・筒井洋一・三宅和子編

ひつじ書房

はじめに

　本書は、ことばを通じて、人間と人間をつなぐ実践の本です。
　『アカデミック・ジャパニーズの挑戦』という挑戦的なタイトルは、いくつかの意味を込めてつけました。その意味は、本書を読み進むにつれて理解されていくだろうと思います。
　本書の読者として考えたのは、まず日本語教師でした。しかし、日本語教師以外の人たちにも、ぜひ読んでいっしょに考えていただきたいと思って作りました。大学で日本語表現を教えている先生方、大学初年次導入教育に携わっている方々、初中等教育の先生、ことばの教育に関心のある社会人、そして「教育とは何か」を真剣に考えたい人たちに、本書はそれぞれの著者の実践を通して、ことばの教育の意味を訴えていきたいと願っています。

　この本ができるきっかけは、3つありました。
　1つは、日本語教師の世界で新しい動きが始まったことです。これまで日本語教師は、留学生等の外国人の教育を担当してきましたが、ここ数年、日本人学生向けの教育を担当する教師が増えてきました。外国人を教育することに限りない情熱をもっている日本語教師が日本人を教え始めたことで、これまで出会わなかった分野の人々と出会ったのです。こうして日本語教育の対象が留学生から日本人にも広がっていきました。
　もう1つは、日本人学生のことばの教育に携わってきた日本語表現教育の流れです。1990年代初めから全国の大学で展開されてきた動きは近年大きなうねりとなっていますが、その動きを担ってきた人たちが、「大学での学

習に必要な日本語力」という問題意識を共有する日本語教師と出会ったのです。いや、正確には再会ですが、この点は本文に委ねます。

3つ目は、本書の出版社のひつじ書房から出版されていた『市民の日本語』という本です。この本の著者の加藤哲夫さんはNPOの世界では大変な実績をおもちの方ですが、加藤さんは、相手のことばを聞き取る力を養うことと、官民関係において市民が力を奪還しうるようなことばを獲得することという2つの方向性を説いています。これは、NPOからの日本語に対する問題提起として大変面白いものであり、先の2つの流れと重なるものをもっています。

こうして、日本語教育、日本語表現、NPOの3つの動きが合流を始め、さらに国語教育との連携を強めるきっかけにもなりました。こうした流れを背景に、著者達がこの本の中で出会い、アカデミック・ジャパニーズという(まだ聞き慣れない)言葉を共通の旗印にし、自らの専門の殻に閉じこもらない、開かれた議論を展開しています。

第Ⅰ部では、「アカデミック・ジャパニーズ」という言葉の誕生から、それをめぐるさまざまな教育の動きと発展を俯瞰(ふかん)するプロローグ的論考(門倉)と、編者3名(門倉、筒井、三宅)による座談会を収めました。

第Ⅱ部では、日本語教育におけるアカデミック・ジャパニーズの実践を、大学予備教育(嶋田)、大学留学生初年次教育(堀井)、大学留学生教養教育(山本)、大学留学生リーディング教育(二通)、そして日本人大学生の初年次教育(大島)の中で展開している論考を収めました。ここでは、「実践を示す」ことを強く意識した内容にしました。最後の大島論文は、日本語教師による日本人大学生の教育実践例という意味で、第Ⅲ部につながるものです。

第Ⅲ部は、日本語表現からインターネット、NPOに広がる教育(筒井)、実用文やeラーニングをワークショップ形式で考える教育(向後)、そして国語教育(中村)、市民教育(加藤)の論考とつながり、最後に日本語教育から市民の教育を見据えた論考(三宅)でまとめられています。ここでは、そ

れぞれの著者が「実践を示す」ことにこだわりつつ、その立ち位置の違いによるアカデミック・ジャパニーズ、ひいては「ことばの教育」の考え方を語っています。

いずれの著者も、ことばに関して語っていますが、著者によって、学生、留学生、生徒、教師、市民、社会人など、取り上げる対象はさまざまです。しかし、最終的にはそこを越えて、広い意味での人間に語りかけています。これこそが、「ことばを通じて、人間と人間をつなぐ実践の本」をめざして、著者や編者が努力してきたことです。

『アカデミック・ジャパニーズの挑戦』というタイトルは、確かに少し気負いすぎているかもしれません。しかしわれわれは、すでに3つの流れが出会ったことで新しいことができるという実感をつかんでいるのです。その気持ちが「挑戦」ということばに表現されています。われわれのそうした気持ちが皆さんに伝わり、新しい流れがさらに大きなものになればと願っています。皆さんによるそれぞれの「挑戦」をお待ちしております。

＊＊＊＊＊＊＊

最後に、本書刊行のきっかけを作ってくださったひつじ書房の松本功社長に厚くお礼申し上げます。常にフロントランナーである松本氏の本書にかける熱意は、座談会に御自身が登場することからも明らかですが、大変励みになりました。また編集を担当した田中哲哉氏は、座談会のテープの書き起こしをはじめ煩雑な仕事を笑顔で辛抱強くまとめてくださいました。心より感謝申し上げます。

編者一同

もくじ

はじめに i

第Ⅰ部　アカデミック・ジャパニーズの挑戦 ———————— 1

〈学びとコミュニケーション〉の日本語力―アカデミック・ジャパニーズからの発信
　　門倉正美 3

座談会：教育への新しい挑戦―小さな流れが潮流に変わるとき
　　門倉正美・筒井洋一・三宅和子 21

第Ⅱ部　日本語教育の現場から ———————————————— 53

日本語学校におけるアカデミック・ジャパニーズ―予備教育の新たな取り組み
　　嶋田和子 55

留学生初年次（日本語）教育をデザインする
　　堀井惠子 67

タスク・シラバスによる論理的思考力と表現力の養成
　　山本富美子 79

アカデミック・ライティングにつながるリーディングの学習
　　二通信子 99

大学初年次日本語表現科目でのライティングのコース設計
　　大島弥生 115

第Ⅲ部　大学、学校、社会をつなぐ 129

「共通する視座」の発見―日本語表現、インターネット、NPO、をつなぐもの
　　筒井洋一 131

市民としての表現力養成
　　向後千春 145

ポスト産業社会における言語教育の課題
　　中村敦雄 159

「市民の日本語」へ向けて
　　加藤哲夫 173

「ことばの教育」は何をめざすのか―アカデミック・ジャパニーズの地平から見えてきたもの
　　三宅和子 189

第Ⅰ部　アカデミック・ジャパニーズの挑戦

　第Ⅰ部は、本書の全容を理解するためのプロローグです。門倉論文では、アカデミック・ジャパニーズを〈学びとコミュニケーション〉の日本語力と規定し、それをめぐる教育・研究のさまざまな動きと発展を紹介するとともに、日本語教師の特長を論じています。続いて「座談会：教育への新しい挑戦―小さな流れが潮流に変わるとき」では、異なる教育活動を続ける中でめぐり合った編著者3名（門倉正美、筒井洋一、三宅和子）が、どのような意図と視点で本書に取り組んだかを座談会形式で語ります。座談会には終盤で、この企画の実現を後押ししたひつじ書房の房主・松本功も加わり、熱い議論が繰り広げられます。

〈学びとコミュニケーション〉の日本語力
アカデミック・ジャパニーズからの発信

門倉　正美

1. アカデミック・ジャパニーズという問題提起

　「アカデミック・ジャパニーズ（以下、AJと略称する）」という表現に私が初めてふれたのは2000年のことである。日本の大学への留学希望者にたいする統一入試にあたる「日本留学試験」という、新しい試験制度の導入を予告する『報告書』[1]の中においてだった。
　日本留学試験が実施される以前は、留学生入試での「日本語」は、「日本語能力試験」の1級試験があてられていた。それに対して、上記の報告書は、「日本語能力試験」はあくまで「日本語能力一般」を測る試験であり、留学生入試の「日本語」科目としては、アカデミック・ジャパニーズ、つまり「日本の大学での勉学に対応できる日本語力」を測るべきだ、としたのである。
　たしかに、英語圏の大学への入学を希望する外国人学習者にたいしては、TOEFL (Test of English as a Foreign Language) という、「英語圏の大学での勉学に対応できる英語力」を問う試験がある。日本留学試験の「日本語」科目とは、さしあたって、TOEFLの日本語テスト版をめざすものと見ることができよう。

それにしても、日本留学試験「日本語」が測るとする、「日本の大学での勉学に対応できる日本語力」とは、どのような「日本語力」をさしているのだろうか。もちろん、それまでも「日本の大学での勉学に対応できる日本語力」を部分的に伸長することを目的としたテキストはいくつか出ていた。例えば、講義を聞く力、プレゼンテーション能力、レポートや論文を書く力、大学でのスタディ・スキルの習得をめざすテキスト等である。しかし、「日本の大学での勉学に対応できる日本語力」というように、留学生として必要な日本語力を総合的・体系的に捉えようとする探究は十分になされてこなかった。それだけに、AJというコンセプトは、その新鮮かつ触発的な響きによって、大学や大学入学前予備教育（いわゆる日本語学校）での日本語教育に携わる者にたいして、自分たちの教育目標の根本的な捉え直しを促すことになった。

2. AJとは何か

2.1 日本留学試験「日本語」が示唆するAJ

まず、AJという表現の生みの親である日本留学試験「日本語」シラバスにおいてAJがどのように規定されているのかを見ておこう。シラバスは、冒頭でAJすなわち「日本の大学での勉学に対応できる日本語力」を次の2つの面から規定する。

(1) 自国での教育で習得した知識を前提として、日本の大学で学習・研究活動を行うための日本語能力
(2) 日本での留学生活をおくる上で必要な日本語によるコミュニケーション能力

つまり、AJは「学習のための日本語能力」と「コミュニケーションのための日本語能力」から構成されるのである。ふつう「アカデミックな日本語

力」と聞けば、もっぱら「学習のための日本語能力」を想定する。しかし、シラバスは、留学生として留学生活を円滑に行うための「コミュニケーション能力」にも等価のウェイトをおいている[2]。

　シラバスが、上記2点のほか、もう1つ、「〜ではない」という否定的な言い方でAJを規定していることにも注意する必要がある。

(3) 単なる日本語の知識の有無や知識の量といったものではない。

というのが、それである。AJ教育では、文法や語彙といった日本語に関する知識の集積ではなく、それらの知識をいかに「学習」や「コミュニケーション」のために運用するかが肝要なのである。

　このシラバスを土台とする日本留学試験「日本語」の試験問題の内容と形式からは、次の点がAJのあり方を示唆している。

(1) 語彙・文法知識を問わず、もっぱら文章の要点を問う読解問題
　　——多読、速読して、必要な情報を収集するという実践的な読解力が必要である。
(2) 聴解と読解を組み合わせた「聴読解」という新しい問題形式の導入
　　——聴覚テキストと視覚テキストを複合的に理解するという感官横断的な意味理解のあり方[3]に着目する必要がある。
(3) 記述問題の導入
　　——「対立する立場の一方にたって、その理由を述べる」という問題形式は、初級、中級レベルから、理由づけのともなう意見を記述する姿勢を促す。

「アカデミック・ジャパニーズ」という表現を打ち出した日本留学試験「日本語」科目からAJについて学べることは、ほぼ上記のことに尽きる。日本留学試験は、試験としての枠組や形式の制約が強いこともあり、個々の問題

の質は、アカデミック・ジャパニーズの力を十分に問うものとは言い得ない段階にとどまっている。

2.2　AJ の共同研究

　これまで見たように、AJ というコンセプトの生みの親である『報告書』と「日本留学試験」から、AJ のあり方について学べる点は意外と少ない。それも当然のことだろう。「AJ とは何か」という根本理念や AJ のシラバスと教授法について、それまで日本語教育界では、まともに議論されてこなかったからである。

　そこで私は、AJ を構成すると思われる要素についてすぐれた研究を公刊している日本語教師や「AJ とは何か」について真剣に考察している日本語教師に働きかけて研究会をもち、その研究会活動の力によって科研費（2002 年度～2004 年度）を得て、共同研究をさらに進めることができた[4]。AJ という教育研究領域の重要さと可能性の豊かさをアピールするために、科研共同研究者は多くの関係学会で AJ について発信してきた。また、2004 年 1 月には「アカデミック・ジャパニーズ・グループ」という名称で AJ 探究を目的とするテーマ研究会（日本語教育学会参加のサブ学会）も設立され、年に数回のペースで着実に研究会活動を行っている。

　大学入学前予備教育、大学初年次教育、大学教養教育、学部教育、大学院教育と、留学生への日本語教育のさまざまな段階を教育現場とする者が集う科研共同研究会では、AJ のあり方、教え方をめぐって率直な議論がとびかい、知的刺激にあふれた時間を共有することができた。

　しかし、現に AJ 教育研究に携わっており、かなり議論を交わしてきた科研共同研究メンバーの間ですらも、「AJ とは何か」という肝心の点については、いまだに定義という形での共通了解が得られているとはいえない状況である。

　ただ、(1) AJ 教育においては、学習者が自ら問題を設定し、それを解決するに至る一連の学習プロセスをいかにコーディネートするかが重要である、

(2) AJ 教育のコンセプトとシラバス、教授法は日本人学生への日本語表現法にも適用できる、(3) AJ 教育研究にとっては、ESL、国語教育等の言語教育だけでなく、大学初年次導入教育、学習スキル教育、総合的学習等の異領域から学ぶべき点が多い、という3点については理解を共有するに至っている。

2.3 AJ とは〈教養教育〉である

　私は、上述の3点の共通了解をふまえて、「AJ とは〈教養教育〉である」と考えている[5]。AJ が〈教養教育〉であるのは、単に「日本語」科目が大学の中で教養教育科目に位置づけられているということによるのではない。

　AJ の問題提起は、「大学での勉学に必要な日本語力とは何か」を総体的に捉え直すことにあった。私の見るところ、「大学での勉学」の根本は「学び方を学ぶ」点にある。「専門知識の習得」は確かに大事だが、知識の進展の早い現代社会においては、大学で習得した「専門知識」もすぐに陳腐化してしまう。まさに生涯学習の時代なのである。専門教育においても、「専門知識の習得」というプロセスにおいて、専門領域の「学び方を学ぶ」教育こそが学生にとって有意義な教育となるだろう。

　「学び方を学ぶ」という点で重要なのは、初年次教育である。高校まではつねに上の学校の入試という課題があって、どうしても教師の教えることをひたすら吸収するという受け身の学習態度が主となってしまっている。それに対して、「大学での勉学」では自ら問題を設定して、その問題について探究していくという主体的な〈学び〉が土台とならねばならない。受動的な学習から主体的な〈学び〉への「転換」を促す「転換期教育」が〈教養教育〉の本義である。「転換期教育」が志向する〈学び〉のプロセスは、2002年度から初等・中等教育に導入された「総合的学習」がいう「問題発見解決学習」と通じている。大学教育も、いや大学教育こそが、「問題発見解決学習」を促す教育努力をするべきなのである。

　AJ が〈教養教育〉であるとする、もう1つの意味は、「市民的教養」の獲

得という点である。「市民的教養」とは、現代社会において市民として生きていくために必要な「教養」であり、知識の量と範囲という点でみれば、高校の教科書知識の総体といったところが目安になると思われる。しかし、大事なのは、こうした知識を単に記憶しているだけでなく、日常生活の場面でいかに応用できるかである。

　先に、大学における〈学び〉の基本は、「問題発見解決学習」にある、と述べた。この学習過程において一番むずかしいのは、実は、「問題を発見する」という始めの部分である。自分が関心のある「問題」が単なる私的な事柄ではなく、社会的な問題系へと開かれていなければ、「問題発見解決学習」の内実は薄弱なものとなってしまうだろう。自分の関心事を現代社会の課題の一環に組み入れる力は、学習者の「市民的教養」から発している。知識としての「市民的教養」は、「問題」を発見するための関心の地平を構成しているのである。

　「市民的教養」のもう1つの側面は、市民としてのコミュニケーション力といったものであろう。自由で民主的な社会を構成する主体たる市民が身につけているべきコミュニケーション力とは、「自分を表現し、他者と出会い、他者とつながる」力である。

　このコミュニケーション力は、先に「日本留学試験」の「日本語」シラバスで見たように、日常生活における生活スキルのコアであるだけではない。「問題発見解決」という〈学び〉のプロセスにおいても、「自己を表現し、他者と出会う」という場面が随所に現れる。そもそも何かを「問題」として設定するという出発点からして、この種のコミュニケーションなのである。例えば、「コンビニはなぜ夜間に過剰な照明をしているのか」という「問題」を設定したとする。そこでは、「コンビニの夜間照明」に焦点をあてている「自己」があり、「過剰な夜間照明によるコマーシャル効果」という「消費社会」(他者)の要請がある。

　そしてこの「問題」について調べ、クラスメートや教師と議論し、プレゼンテーションを行い、そこでのフィードバックを生かしてレポートとしてま

とめる、という一連の〈学び〉の過程で、学習者は「自己を表現し、他者と出会う」という数多くのコミュニケーション場面を経験している。〈学び〉を推進しているのは、学習者のコミュニケーション力なのである。

　ここで、これまでの議論を整理しておこう。AJとは、「大学での勉学に対応できる日本語力」をさしている。「大学での勉学」の根幹は、「学び方を学ぶ」ことにある。「学び方を学ぶ」ことは、初年次教育において最も有効だが、大学教育全体を通じての〈教養教育〉の中心的課題である。「学び方を学ぶ」〈教養教育〉では、「問題発見解決学習」において、学習者の既有の「市民的教養」としての知識を有機的に活用させるとともに、学習者の「自己を表現し、他者と出会う」というコミュニケーション力を育成することが肝要である。

　つまり、〈教養教育〉としてのAJは、上記の意味で、〈学びとコミュニケーション〉の日本語力をさしている。

2.4　AJと合流する教育研究領域

　AJ研究は、AJという概念そのものが登場して以来まだ6年にもならない、若い研究領域である。しかし、AJという名づけをしていなくても、AJの内実に関連した教育研究は、さまざまな分野・領域で探究されてきている。

　私は、上記のように、AJを〈学びとコミュニケーション〉の日本語力と規定したが、主体的な〈学び〉を触発する教育や、そのツールとなるような「学習スキル」教育もAJ教育研究にとって重要な隣接領域と考えている。

　そこで、AJ教育研究と関連する教育研究領域にはどのようなものがあるのか、また、AJとそれらとはどのような位置関係にあるのかを見るために、以下のような3つの集合(コミュニケーション能力育成をベースとする「言葉の教育」、問題発見解決能力育成をベースとする「〈学び〉の教育」、「学習スキル教育」)の重なりで表してみる。

第 I 部　アカデミック・ジャパニーズの挑戦

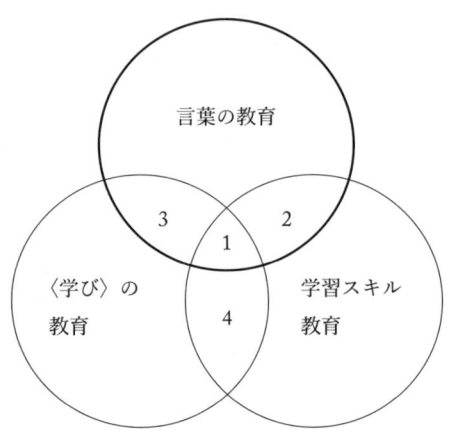

　3つの領域がすべて重なる「1」の領域に AJ を位置づけるとすると、「言葉の教育」、「〈学び〉の教育」、「学習スキル教育」、「2：学習スキル教育と言葉の教育の両方の要素をもつ教育」、「3：言葉の教育と〈学び〉の教育の両方の要素をもつ教育」、「4：〈学び〉の教育と学習スキル教育の両方の要素をもつ教育」として、私は次のような教育研究領域に主に着目している。

　　言葉の教育：日本語教育、国語教育、ESL (English as a Second Language)
　　　　　　　教育における AJ 的アプローチ
　　〈学び〉の教育：初等・中等教育における「総合的学習」、高校の「現代社
　　　　　　　会」、1990年代以降の「日本事情」教育、1990年代以降
　　　　　　　の大学初年次導入教育
　　学習スキル教育：英語圏のスタディ・スキル教育、リサーチ法（調査・研
　　　　　　　究の仕方）
　　2：アカデミック・ライティング、クリティカル・リーディング、速読（ス
　　　　キミング、スキャニング）、プレゼンテーション法
　　3：総合日本語、JSL (Japanese as a Second Language) トピック型
　　4：クリティカル・シンキング、メディア・リテラシー

ここであげた個々の教育研究領域のすべてについて説明するだけの紙幅はないので、以下では「総合的学習」と「大学初年次導入教育」にしぼって説明し、他の領域については代表的参考文献を注[6]で紹介するにとどめたい。
　「総合的学習」とは、2002年度から小学校・中学校に導入された必修教科であり、算数・国語・理科・社会といった教科の枠組みを越えて、児童・生徒たちが自ら問題を発見し、その問題を解決することを通じて、児童・生徒たちの「生きる力」を体験的・実践的に育むことをねらいとする学習である。
　先に、AJの中核としての〈学び〉を「問題発見解決学習」と呼んだが、それはまさに「総合的学習」の理念を意識してのことである。私のいう「市民的教養」も、現代社会を市民として「生きる力」と言い換えることができよう。「総合的学習」の考え方と方法は、〈学びとコミュニケーション〉の日本語力養成をめざすAJ教育に通じる点が多い。
　しかし、はからずもAJと関連する「日本留学試験」と同じく2002年度に導入された「総合的学習」は、私たちのAJ教育研究と同様に、先の理念をどのように具体的な授業として結実させるかをさまざまに模索している渦中である。
　また、PISAの学力試験[7]における読解テストでの平均得点が大幅に下がったことから、早くも「総合的学習」をやめて「基礎学力重視の教育」に転換するべきだという議論が声高にマスメディアをにぎわしてもいる。
　だが、実際のPISAの読解問題を見てみると、単なる語彙知識や単純な内容理解といった「基礎読解力」ではなく、「批判的読み（クリティカル・リーディング）」や種々の資料を目的意識のもとに読み比べる等の、まさに「総合的学習」が育成しようとしている読解力が問われているのである。
　AJ教育は、総合的学習のすぐれた実践から大いに学ぶべきだろう。
　大学初年次における「導入教育」は、学習背景や年齢等において多様な学生を受け入れてきたアメリカの大学において、学習の技法を身につけさせるために開発されたものである。日本でも、1990年代に大学進学率が急速に

上昇し、2000年代には約4割に達している。そうした中で、日本の大学も「生徒」から「学生」への移行をスムーズに行わせるための「導入教育」にさまざまな形で取り組むようになった。先の私の表現でいえば、「生徒」とは受け身の学習者、「学生」とは主体的な〈学び〉手を表しており、「導入教育」とは「転換期教育」ということになる。

1999年の調査によれば、「導入教育」を実施している大学は国立大学64大学130学部、公立大学24大学35学部、私立大学207大学321学部にのぼる[8]。その主な学習内容としては、「文章表現」、「議論・ディベート」、「報告・プレゼンテーション」、「文献・資料調査法」、「情報リテラシー」、「教師とのコミュニケーション」である。つまり、先の3つの集合の図でいえば、「大学初年次導入教育」のベクトルは「学習スキル」よりも圧倒的に「言葉の教育」に向かっているのである。

そうした、先の図の「3」の集合に位置する「言葉の教育」を志向する「導入教育」は一般的には「日本語表現」と呼ばれている。「日本語表現」では、もちろん「日本語表現」を教える過程で、あるテーマについて「文章を書く」、「口頭発表をする」にあたっての調査の仕方、インタビューの仕方、プレゼンテーションの仕方等の「学習スキル」も同時に教えているわけであり、AJを位置づけた「1」の位置と重なってくる。

〈学びとコミュニケーション〉の日本語力を養成するAJ教育と「日本語表現」とを分けるものは、学習者が留学生であるか、日本人学生であるかの違いだけなのである。

3. AJと日本語表現との出会い

AJと「日本語表現」とは、実は、2.2節で述べた「AJの共同研究」ですでに出会っていた。本書の共編者の三宅は「AJの共同研究」の設立当初からのメンバーである。三宅は、「私は現在、留学生を教えてないから」と、共同研究への参加を迷っていたが、AJ教育の核心がどこにあるかというメ

ンバー間の議論では、三宅の「日本語表現」教育の観点からの所見が他のメンバーを触発する場面が多々あった。〈学びとコミュニケーション〉の日本語力の探究という点では、留学生にたいする教育も、日本人学生にたいする教育も同じ土壌を共有しているのである。

2001年7月に行われた「国語と日本語の連携を考える会」で、三宅は「日本人学生の「日本語」教育を考える」という報告を行い[9]、AJのあり方を考えていた私は強く印象づけられた。AJは日本語教師の教育領域を飛躍的に広げる、とあらためて思わされたからである。その研究会に大島たち、東京海洋大学で現に、日本人学生にたいする日本語教育に取り組んでいる渦中の日本語教師[10]も参加しており、研究会の終了後、三宅と大島たちの間で熱心な議論が続いていたのを記憶している。

2004年9月には、三宅と大島の仲介によって、本書共編者の筒井がAJの研究会である「アカデミック・ジャパニーズ・グループ」において、「日本人学生への教養教育としての「言語表現」」と題する講演をした。その研究会にも、日本人学生にたいする日本語教育に従事している日本語教師が数人参加していた。研究会メンバーは、筒井報告から、日本人学生にたいする日本語表現教育とAJ教育との課題の共通性を確認して、意を強くした。

同じ年の10月の日本語教育学会秋季大会では、三宅のコーディネートにより、「大学での「日本語」教育の意味と可能性」と題するパネルセッションが行われた。そのパネルの一員であった筒井は、「日本人学生にたいする日本語教育」へ日本語教師が積極的に参加することを熱心に訴えていた。筒井の日本語教師へのラブコールは、本書所収の論文でも説かれている。

筒井の論点をうけて、次節で、私からも、日本語教師が「日本語表現」教育に踏み出すことを後押しするエールを送りたい。

4. 日本語教師の3つの特長

日本人学生を対象とする「日本語表現」教育において、日本語教師がすぐ

れている点は、以下の3点にまとめることができる。

(1) 日本語を総体的にとらえる（教育内容）
(2) インタラクティブ（相互作用的）な教授法に習熟している（教育方法）
(3) 異文化間コミュニケーションをふまえる（教育姿勢）

　もちろん、すべての日本語教師がこれから述べる特長をすべて備えているというわけではない。しかし、すべての日本語教師が日々のクラス活動において、これらの点を自ら鍛えざるをえない経験をつんでいることは確かである。以下で、上記の3点について、もう少し詳しく見ていこう。

4.1　日本語を総体的にとらえる

　日本語教師は、国語教師とは違って、日本語を世界の諸言語の中の1つとしてとらえ、その言語的な特徴を把握している。日本語を国語として孤立させ、その中にこもるのではなく、諸言語のネットワークの中で日本語を相対化してとらえることによって、逆に日本語の全体的性格を理解することができるのである。

　日本語の言語機能の総体性の理解という点でも日本語教師は研修をつんでいる。言語能力は「聞く・話す・読む・書く」の4技能からなる。日本語教育と国語教育とを比較した場合、「聞く・話す」という口頭表現の教授法・学習法の開発・実践という点では、日本語教育に一日の長があると言えよう。逆に「読む・書く」という技能の教育においては、層が厚く、歴史的蓄積もゆたかな国語教育から日本語教育が学ぶべき点が多い。

　しかし、教材としてとりあげるテキストの多様性・実用性という点では、文学や学術的エッセーに集中している国語教材よりも、日本語教材の方が日本語表現を総体的にとらえている、と言えよう。また、教材や教具、教授法の多種多様性にも、なまじ「指導要領」がないために、日本語教師のさまざまな工夫がこめられている例が多い。

何よりも、4技能の土台をなす「コミュニケーション力」を伸ばすことを目指すという点に日本語教師の本領がある、という点が重要である。学習者が目標言語である日本語で自分を表現し、表現のやりとりを通じて、他者と出会うという本源的なコミュニケーションの力を養うことが、日本語教育の最大目標だからである。そして、この点こそが、日本人学生への日本語表現クラスがめざすものに根本的につながっている。

4.2　インタラクティブ（相互行為的）なクラス運営に習熟している

日本語クラスでは、教師が一方的に知識を伝授する形では成立しない。日本語クラスでは、ほとんどすべての練習はもちろん、教師による説明においても双方向的に行われるのがふつうである。

日本語クラスの双方向性は、教師と学習者の間だけではない。むしろ、学習者同士のやりとりが重視されている。2人でお互いに練習しあうペア・ワーク、相互に批評しあうピア・レスポンス、与えられた役割を演じあうロール・プレイ、あるトピックについてのグループ・ディスカッション、さらには、グループで協働してあるテーマを探究し、その成果をプレゼンテーションするプロジェクトワーク等々、日本語クラスでは学習者のレベルと学習目標に応じて、多種多様な協働の学びが展開されている。

日本語クラスにおける教師と学習者のインターアクションの濃密さは、学習者の理解度に応じた教育につながるとともに、学習者の学習・生活環境を含めて学習者を全体的に把握しようとする姿勢につながる。

また、日本語クラスのコミュニケーションの相互性は、教師と学習者、学習者同士の間にとどまらない。日本語クラスでは、複数の教師でひとつのクラスを教えるチーム・ティーチングがよく行われており、互いのクラス運営を評価しあうオープンな連携も少なくない。

日本語教師は、ふだんのクラス運営において、教師と学習者、学習者同士、そして同じクラスあるいは同種のクラスを担当する教師同士のインタラクティブ（相互行為的）な教育／学習活動に習熟しているのである。そして、

日本人学生を対象とする日本語表現においても、こうした相互性が教育の基盤となるだろう。

4.3 異文化間コミュニケーションをふまえる

　日本語クラスでは、教師と学習者、学習者同士がそれぞれに異文化体現者とあい対することになる。日本語教師は、日々異文化間コミュニケーションにさらされているのである。そこから学ぶことは数多くあるが、〈学びとコミュニケーション〉の日本語力の探究という点では次の点がある。

　まず、コミュニケーションの根底に、「そのままでは分かり合えない者が、なんとか分かり合おうとする」という努力を見てとる点である。「以心伝心」がコミュニケーションの本義なのではなく、「分かり合おうとお互いに努力して、なんとか分かり合う領域を確保する」というのがコミュニケーションの原型と言える。外国人学習者という、国籍や人種を〈異〉とする人たちとのやりとりは、このコミュニケーションの原型を時によく実感させてくれる。

　しかし、よく考えてみれば、「異文化」はなにも国籍や人種の相違によるものだけではない。ジェンダー、世代、地域差、階層差、好みの差等々、気づきにくいがミクロで根深い「異文化」が私たちの日常社会に浸透している。マクロな「異文化」とのコミュニケーションの現場にたつ日本語教師は、そうした気づきにくいミクロな「異文化」の間でコミュニケーションを交わすことをめざす教育にも習熟しているはずである。

　〈学び〉という点でも、異文化コミュニケーションの現場から得るところは大きい。異文化体現者のまなざしは、ドミナント（支配的）な文化の体現者が見過ごしている日常の風景を時にゆさぶることがある。異文化体現者とあい対する日本語教師は、彼らのまなざしを借りて、見慣れた日常生活から、ゆたかな探究の可能性をもつ〈問題〉をいくらでも発掘しうる立場にいるのである。

5. そして市民のほうへ

　AJを〈学びとコミュニケーション〉の日本語力ととらえるとすると、AJは留学生や日本人学生だけでなく、「総合的学習」の言語教育版として高校以前の教育にたいしても示唆するところが大きいだろう。また、〈学び〉も〈コミュニケーション〉も生涯にわたっての「生きる力」であることを考えれば、当然、社会に出ても有効な「日本語力」を養うことになるはずである。

　そうした問題意識をもって読んだ『市民の日本語』（加藤哲夫著、ひつじ書房）は、市民活動におけるコミュニケーションのあり方への洞察にみちていた。私自身、先に述べたように、AJの土台として「市民的教養」ということを考えている。その「市民的教養」は、自由で民主的な社会の担い手として活動するために必要な知的「教養」と「コミュニケーション力」からなっている。加藤の本は、「市民的教養」の「コミュニケーション力」の核心がどういうものかを具体的に示している。

　加藤が市民活動の現場でぶつかっているコミュニケーション課題は、AJ教育や日本語表現教育に携わる者たちがそれぞれの教育現場で日々出会っている課題と根底において通じている。

　最後に、AJ教育、日本語表現法、「市民の日本語」についての、小論での議論を踏まえて、本書『アカデミック・ジャパニーズの挑戦』のねらいについて付言したい。本書で展開されている、さまざまな教育実践は、近年、〈学び〉と〈コミュニケーション〉を鍵概念として、それぞれの関心と視点のもとに、日本語教育学会、大学教育学会をはじめとする、いくつかの全国学会におけるパネルや共同発表、アカデミック・ジャパニーズ・グループやガイダンス研究会等の研究会活動を通じて、有機的なつながりと連携を深めている。いわば、この領域での先駆的取り組みとしての個々の実践という〈点〉が、〈線〉としてのダイナミクスと〈力〉を獲得しつつある、と言えよう。

　本書は「アカデミック・ジャパニーズ」という、留学生への日本語教育を出発点の問題意識としている。しかし、本書のねらいは、AJという、この

一見きわめて狭い教育領域における教育実践が、実は、日本人学生への日本語表現教育、さらには「市民の日本語」力育成にも通じていくということを示す点にある。現代市民社会における〈学び〉と〈コミュニケーション〉のあり方について一石を投じるところに、本書の〈挑戦〉がある。

注

1. この報告書は、「日本留学のための新たな試験」調査研究協力者会議(2000)『日本留学のための新たな試験について—渡日前入学許可の実現に向けて—』という長いタイトルのものであり、下記のサイトから参照できる(2006年3月現在)。
   http://www.jasso.go.jp/examination/efjuafis_report.html
   なお、日本留学試験の試験問題は、第1回以降ずっと桐原書店から刊行されている。
2. 2.3節で、私は、この「日本語」シラバスとは違う形で、「学習のための日本語力」と「コミュニケーションのための日本語能力」を統合することによってAJの本質を見ていく。
3. 感官横断的な意味理解のあり方は、テレビ視聴のように、私たちの日常生活の中でごくふつうに行われているにもかかわらず、これまでの言語教育ではほとんど顧みられてこなかった。それに対して、新しい英語教育の流れは、「感官横断的 multimodal」な意味理解のメカニズムを説き明かして、言語教育に応用することの重要性を訴えている。
   Cope, B. & Kalantzis, M. (2000) Multiliteracies – Literacy, Learning, and the Design of Social Futures. Routledge、特にその中の、Kress, G.; Multimodalities を参照。
4. AJに関する、筆者を代表とする科研共同研究の成果は次の2冊の科研報告書に集約されている。門倉正美代表(2003)『日本留学試験とアカデミック・ジャパニーズ』、門倉正美代表(2005)『日本留学試験とアカデミック・ジャパニーズ(2)』。後者については多少残部があるので、門倉(kadokura@ynu.ac.jp)に連絡いただければ郵送する。
5. 門倉正美(2005)「教養教育としてのアカデミック・ジャパニーズ」『月刊言語』2005年6月号、参照。
6. 「言葉の教育」における重要な文献については、注4で言及した『日本留学試験とアカデミック・ジャパニーズ(2)』所収の、「AJを考えるための文献案内」参照。その他の、それぞれの領域については、1冊にしぼって参考文献を紹介する。「総合的学習」：児島邦宏(1998)『教育の流れを変える総合的学習』ぎょうせい、高校の「現代社会」：『現代社会資料集』一橋出版、「日本事情」教育：細川英雄(2002)『日本語教育は何を

めざすか』明石書店、大学初年次導入教育：溝上慎一(2004)『学生の学びを支援する大学教育』東信堂、スタディ・スキル教育：学習技術編集会編(2002)『知へのステップ―大学生からのスタディ・スキルズ』くろしお出版、リサーチ法：宮内泰介(2004)『自分で調べる技術』岩波アクティブ新書、アカデミック・ライティング：二通信子・佐藤不二子(2003)『改訂版　留学生のための論理的な文章の書き方』スリーエーネットワーク、クリティカル・リーディング：妹尾堅一郎(2002)『考える力をつけるための「読む」技術』ダイヤモンド社、速読：岡まゆみ・三浦昭(1998)『中・上級者のための速読の日本語』ジャパンタイムズ、プレゼンテーション法：P. チャールズ(2004)『現代プレゼンテーション正攻法』ナカニシヤ出版、総合日本語：早稲田大学日本語研究教育センター「総合」研究会編(2003)『「総合」の考え方と方法』早稲田大学日本語研究教育センター、JSLトピック型：佐藤郡衛・齋藤ひろみ・高木光太郎(2005)『小学校JSLカリキュラム「解説」』スリーエーネットワーク、クリティカル・シンキング：E.B. ゼックミスタ・J.E. ジョンソン(1996, 1997)『クリティカル・シンキング入門編』『同：実践編』北大路書房、メディア・リテラシー：菅谷明子(2000)『メディア・リテラシー』岩波新書

7. PISAとは、Programme for International Student Assessment（生徒の学習度到達調査）の略であり、OECDによって進められている教育事業の一環である。国立教育政策研究所編(2004)『生きるための知識と技能2』ぎょうせい、参照。
8. 1999〜2001年度文部省学術研究「米国の大学入学後の教育選抜システムに関する研究」報告書参照。
9. 「国語と日本語の連携を考える会」は、竹長吉正（埼玉大学）と細川英雄（早稲田大学）を呼びかけ人とする、国語教育関係者と日本語教育関係者が議論を交わす研究会である。その時の三宅の報告については、下記サイトに収録されている。
http://www.gbki.org/dat/knr09a.pdf　（2006年3月現在）
10. 大島弥生たちの東京海洋大学における日本語表現法の実践については、本書所収の大島論文および大島他(2005)『ピアで学ぶ大学生の日本語表現―プロセス重視のレポート作成』ひつじ書房、を参照。

参考文献

「日本留学のための新たな試験」調査研究協力者会議 2000『日本留学のための新たな試験について―渡日前入学許可の実現に向けて―』http://www.jasso.go.jp/examination/

efjuafis_report.html（2006 年 3 月現在）

加藤哲夫 2002『市民の日本語』ひつじ新書

門倉正美代表 2003『日本留学試験とアカデミック・ジャパニーズ』平成 14 〜 16 年度科学研究費補助金（基盤研究（A）(1) 一般）研究成果中間報告書

門倉正美代表 2005『日本留学試験とアカデミック・ジャパニーズ (2)』平成 14 〜 16 年度科学研究費補助金（基盤研究（A）(1) 一般）研究成果報告書

門倉正美 2005「教養教育としてのアカデミック・ジャパニーズ」『月刊言語』, 34(6), 58-65. 大修館書店

座談会
教育への新しい挑戦
小さな流れが潮流に変わるとき

門倉正美・筒井洋一・三宅和子

●大学で必要な日本語力というインパクト

門倉 アカデミック・ジャパニーズ(以下、AJと略)という言葉は耳慣れない言葉なので、私のほうからAJという言葉がどのようにして導入されたかということを含めて、私とAJとの関係についてお話しします。

以前は日本語能力試験が唯一の外国人向けの日本語の能力を測る試験でした。ところが、2002年度から「日本留学試験」という新しい留学生のための入学試験が導入され、それと同時に日本語の科目の性格付けも大きく変わりました。その時に、日本語能力試験の日本語科目のあり方と、日本留学試験の日本語科目のあり方を区別するための概念として、AJという言葉が日本留学試験を導入するための報告書の中で使われています。

その報告書の中の性格付けによると、AJとは、要するにアカデミックな場で使っていく日本語、つまり、大学ないしは大学院という日本の高等教育機関で学習していくために必要な日本語力という意味で使われています。

　日本留学試験の日本語科目のコンセプトとしてAJが言い出されたわけですが、それまでの日本語教育界の中で、大学で必要な日本語力がどういうもので、それに対してどういう教育をしていかなければならないかということはほとんど議論されてこなかったと思います。

　AJの内実は何なのかということについてそれまであまり研究されてこなかったので、どのように大学で必要な日本語力というものをとらえ返していったらいいのかと、私自身非常にインパクトを受けたんです。

　AJとは何なのか。その内実とその教え方を探求していくために、何人かの人たちに共同研究を呼びかけて、科研費（平成14～16年度科学研究費補助金（基盤研究（A)(1)一般）研究）を得ることができました。それで2002年度から2004年度にかけて日本留学試験の日本語科目のあり方と、AJの内容と教え方を主な研究課題として共同研究を進め、2冊の報告書としてまとめました。

　それと並行して、日本語教育学会の中でAJについて研究・教育する動きを促進しようという意図のもとに、日本語教育学会のサブ学会としてアカデミック・ジャパニーズ・グループというものを、2004年1月に立ち上げたという経緯があります。

三宅　科研をやるから一緒にやらないかと門倉さんに声をかけられたのが私のAJに取り組むきっかけでした。最初の集まりでは、居心地が悪かった（笑）。というのは、日本語教育の人たちが日本語教育の現場の視点からのみAJを語っているように感じて、「私の居場所はないな」というふうに思ったんです。でも、話をするに従って、実は日本語教育だけじゃないもの、問題とか問題意識を抱えていて、それがだんだん私の問題意識とブレンドするようになってきたんです。

　私ももちろん日本語教師を経験してきたわけだから、日本語教師がもっている問題意識というのも分かるわけで、その中でAJというのが日本語教育や日本語表現だけではなく、私の言い方をすれば「ことばの教育」というふうに、大きくなっていったような気がします。

●学生の能力を引き出す

筒井 私とAJとの接点は90年代初めに遡ります。そのころに、富山大学という地方国立大学で、全学部必修で言語表現科目を設置することになり、そこで、「ことばの教育」にかかわったのです。

私にとっては10年来の恋人と再会をしたというぐらい、日本語教師を愛していたんです。どこまで中身を知っているかは別にして、日本語教師はきっと宝の宝庫に違いないと、一方的に私が求愛をしていたんですけれども（笑）。ところが、当時、日本語教師は振り向いてくれなかった。しょうがない。そこで自分たち社会科学やそのほか素人だけで、こういう「ことばの教育」を始めるようなことになりました。

私が教養教育のカリキュラム策定委員であった時に言語表現科目の設置という提案をしたのは、これはその時にいきなり思い付いたというわけではありませんでした。80年代半ばか終わりごろですが、受講生が200名ぐらいの政治学の講義で、あるテーマについてレポートを書いてきなさい、と言ったわけです。1回目のレポートはあまり良くなかったんです。添削をしようかなと思ったんですが、いちいち全員のものを添削するのは面倒臭いから、簡単な書式とか、論点をはっきりさせるとか、いくつかのチェック項目を作って、1カ月後にもう一度書き直してほしいという提案をしたら、2回目のレポートが良くなったんです。つまり、学生が一度出したものを少しチェックをして、もう少しレベルアップを促したら、彼らはそれに応えてくれる。そこで、最終試験も同じテーマで、以前より更にブラッシュアップしたものを出すようにと言ったら、また良くなるんです。

すなわち、教える方からの適切な指導があれば、彼らに改善できる能力があることが分かったんです。もともと彼らにあるものをわれわれが出し切れていなかったという反省からこういう科目を提案したわけです。

●教養教育としてのアカデミック・ジャパニーズ

門倉 AJというのは当初（というか、今でもそうなんですけれども）、留学生の日本語力を大学で学習できるように向上させようという、そういう趣旨の言語教育でした。ところが、大学で学習するために必要な日本語力とは何かということを深く考えていくと、それは決して留学生だけが必要なものではない。日本人学生も同様

に必要としている能力なのではないかということで、三宅さんと筒井さんが日本人学生に対して行ってきた言語教育とも深く通じる面が出てきたわけですね。

　AJを大学で必要な日本語力とすると、普通日本語教育では専門への橋渡し教育のように言われることが多いんです。私も専門の先生、たとえば経済学の先生とAJということについて話していると、それは経済学用語とか、あるいは経済学の文献の読み方とかを、日本語を教える言葉の専門家が手助けしてくれるんだなというふうに理解する向きが非常に多い。

　私が考えるAJ、大学で必要な日本語力養成というものは、言葉の教育だけにとどまらない要素をいろいろ抱えていて、そういうものについても目配りをしていく必要があると考えます。つまり言葉の教育に加え、「スタディー・スキルズ」と呼ばれるような、学んでいくために必要なスキルの修得、スキル教育という面と、それからもう少し幅広くとらえると、学ぶべき問題を見いだしていく力を付けることがもう１つ大きな要素として必要で、私はそれを広い意味で「教養教育」と呼んでいるんです。

　そうすると、AJの教育は、今、日本語教育従事者が担っているんですけれども、単に言葉の教育というだけでなく、スタディー・スキル等のスキルの教育とか、あるいはもっと幅広く、学問的な課題を自分で発見できるような教養や素養も伸ばすような、非常に欲張りな教育領域になるというふうに考えています。

●「ことばの教育」として再定義する

三宅　まず、「言葉の教育」と言った時に、今の門倉さんは漢字の「言葉」を使っていました。いわゆる「言語」という意味で。最初に私が「ことばの教育」と言った時は完全に平仮名で言っています。多分筒井さんも特別な思い入れのある言い方で平仮名の「ことば」を使っていると思うのですが、私自身は、言語にまつわるいろんなものを含めたものを平仮名で「ことば」と言っています。言語行動そのもの、心理とか、表現する意図とか、そういうものも含めたものなんですけれども。そのことを、まず言っておきたいと思います。

　もう１つ。AJは大学における学習に必要な日本語力ということから出発していったわけですが、それが門倉さんや私たちの中で、大学に必要な、アカデミックシーンの中で必要な日本語とは何か、というところに少し拡大してきた。それが今度は

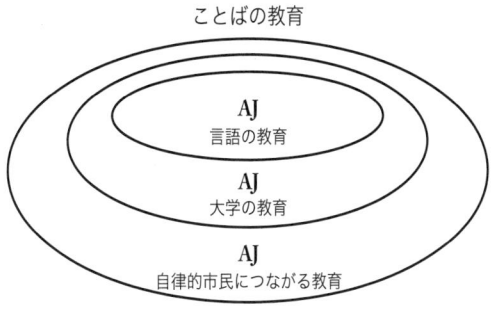

図1 「ことばの教育」概念図

　もう少し拡大して、いや、アカデミックシーンと言うけど、つまり大学は社会に出るその前の段階として学ぶところなんだから、そうすると加藤哲夫さんの考えとつながるような、自律した市民として生きるために大学でトレーニングできることは何なのかというところまで、だんだん膨らんできているのが、私たちの今の状況なんじゃないかと思うんです。
　だから、AJ の話をする時、3つぐらいに分けて考えたほうがいいような気がしているんです。AJ という日本語教育の中での、留学生に対して大学で勉強する際に日本語を使えるようにしようという意味の AJ。それから、留学生だけでなく日本人を含んだ大学全般で、大学の勉学ということでとらえた AJ。そしてもっと広く、自律的な市民へと成長していくための、社会とつながる AJ。そこまでくると AJ と言っていいか分からなくなってきているので、私は自分なりに平仮名で「ことばの教育」っていうふうになってきたんだ、というようなことを思いながら聞いていました。

筒井　関西国際大学の濱名篤さんが学力低下、あるいは日本の大学教育の現状には、過去の負債、現在のスキルの不足、将来への危惧の3つがあると分析されているんです。過去の負債とは、高校までにじゅうぶん学んでいなかったこと。現在のスキル不足とは、学ぶスキルをもっていないこと。けれども、より深刻なのは将来への危惧です。自分自身が頑張れば何とかなるというような期待感が低下していることが非常に重大なんだと。
　学力の上位層は、将来に対する希望はあまり変わらないんです。依然として野心

があるし、向上心もある。一番大きな打撃が中位層です。中位層で、将来に対する期待や野心が非常に低下している。かれらが、卒業後の自分の将来に対して非常に悲観的であることが、今の大学教育の困難な状況を生み出しているんだと。

　根本的な解決は難しいにしても、それに対応した教育が必要になってくる。もちろんその際には、専門知識を教えるなり、あるいはスキル的なものも教えます。しかし、やはり一番大きなのは将来に対する希望、自分たちが頑張れば何とかなるとか、将来自分がこういうふうになってみたい、実現してみたいということを教える必要がある。そのためにはスキル教育だけでは不十分なんです。

　これは門倉さんがおっしゃるような問題解決能力とか、そういうものを養う教育をやっていかないといけない。けれども、実はそれをどう実践していくかは非常に難しい。

　ただ、一緒に今回の本を書かせていただいて、日本語教師の方の実践を読んでいると、非常にたくさんのタスクはあるし、教授法も豊富だし、こういうのを見ていると将来は明るいんです。少なくとも社会科学や人文科学の分野では、こういう試みはまずない。これはまだ日本語における「ことばの教育」の実践に過ぎないけれども、きっかけを提示してくれたと思っています。

●文法や語彙を教えることとは違う

門倉　言語教育と教養教育が重なるところに平仮名の「ことばの教育」が出てくる。別の言い方をすれば、言葉を獲得するとか、あるいは概念を自分のものにするということがある。言葉を獲得したり概念を獲得することによって、そこから見えてくるものが広がるとか、世界が一新するといった経験をする。そういう言葉の獲得が、常に同時に世界の獲得、あるいは世界を見ていく視座の獲得に、つながっているのかなと思ったんですけれども。

　つまり、平仮名の「ことばの教育」を考える時には、単に文法や語彙を今のようなことと切り離して教えるということではなく、言葉を獲得することは、広い意味で言えば世界を獲得し、言葉を通じて世界を表現できることなんだということも踏まえて教育していくことが、おふたりが言う平仮名の「ことばの教育」なのかなと思います。

三宅　漢字の「言葉」と言った時に、すごく言語的なものに限るような見方をつ

いついされてしまうので、平仮名にこだわりたいんです。

　この本の最後のほうで書いてくださっている加藤さんも「言葉」というのを漢字で書いていらして、でも言っていることはどうも漢字じゃない。平仮名に近い。加藤さんの論文を読んでいて共感する部分がすごくありました。彼の言っていることは、私たちがなくしてしまっている言葉を奪い返すんだと、そういうふうに思えたんです。私たちは社会の中で自分を見失いがちで、自分の言葉なり、人とかかわる言葉なりをつかめないでいる。だけど、もともと自分の中にもっているものだと思うんです。それをもう1回奪い返そうよと、その中で社会とかかわっていこうよという感じで、私は平仮名の「ことば」を使っている。

門倉　今の三宅さんの話を聞いていると、もう1つ大事な点は、平仮名の「ことば」のほうは、他者とつながるというか、社会と自分とを関連付けるという、そういう志向を見ていく必要がある。特に加藤さんの「市民の日本語」ということで、「言葉を奪い返す」という時に奪い返されるものとは、他者とつながる力をもった「ことば」の獲得だと考えていると思います。

筒井　平仮名の「ことば」ですが、コミュニケーションは他者と自己との相互理解の道具ですので、相手と自分との対話、相互理解のプロセスが教育の鍵だと思っています。

　そのための方法論が日本語教師にはある。また何度も繰り返しになりますが、日本語教師の方は豊富な経験、ノウハウ、そのほかをおもちであって、それをもっと公開していただきたいし、ほかの分野の人と一緒にそれを育んでいっていただきたい。

● AJ は何に〈挑戦〉するのか？

筒井　相互理解のプロセスという部分も教育だと言い換えてもいいと思います。僕の論文の中で、日本語表現の新しい定義を出しています。この科目は、言葉を通じ

た相互理解のプロセスであることを定義の1つ目に入れています。

　コミュニケーションとは、自分とのコミュニケーションも当然ありますけれども、基本的には他人と自分との間の相互理解のプロセスをコミュニケーションという言葉で言っていると思います。日本語教育の中の学問的な推移はよく分かりませんけれども、学習者主体の教育というのは教育学でもよく使います。それを含めて、あえてコミュニケーションの教育と言っています。美しい日本語でなくてもいいということです。

門倉　この本は『アカデミック・ジャパニーズの挑戦』という、非常に挑戦的なタイトルを付けました。そこで、私たちが「挑戦」とネーミングした意図、いったい何にどう挑戦するのかということについて、われわれの考えていることをはっきりさせておきたいと思うんです。

　まず、先程三宅さんが言われ、筒井さんも指摘されていましたが、大きく言えば大学教育のあり方を根本的にとらえ直す「挑戦」とも言えると思います。それは今、AJという文脈から考えると、アカデミックというのはいったいどういうことなんだろうかということとつながってくると思うんです。

三宅　あまりアカデミックってこだわっていないんです、実は（笑）。だから、本当に大学の場っていうぐらいにしか、今は思っていない。でも、自分の平仮名の「ことばの教育」ということで言えば、そこで何ができるかというふうに思うようになったんです。アカデミックの場が、社会が変わることによって当然変わってきているわけです。

　大学のいわゆるユニバーサル化ということがあります。文句を言わなければだれでも大学に入れる全入時代になってきたわけです。高卒者の50パーセントが入るというユニバーサル化になっているわけです。私たちの時代には、一握りとは言わないけれどかなり少なかったでしょう。そういう人たちは、高校と大学の間にギャップがあっても、それを自分なりに埋めていく作業を少なくともしていたんです。そういうことがもうできない学生が増えている、そんな時代になっているわけなんです。しかし、大学も教員もそれに対応できていない。

　大学教員からすれば、人間、自分がかつて大学生だった時にトレーニングされたものをそのままその価値観で出してくるのが一番易しいわけです。新しい状況を見つめ直してあえて自分や教え方を変えていくというのはしんどいですよね。でも、社会のかたちや学生のニーズが変化しているいま、充実した学びがおこるような教

え方を大学で考えなきゃいけない。そういうことを大学は問い直してほしいと、私は強く思うんです。個々の教員がどのように教育を変えていけるかという意味での挑戦ですね。

筒井 アカデミックの意味をわれわれ自身がまず問い直し、それにどうわれわれが対応するかという問題があります。1つ大きいのは、授業の内容であったり、方法論です。こういうものをもう一度再構成してみるということが、一番重要です。

もう1つは、確かにユニバーサル化になって、大学が存在意義を問われていると言われますが、本当に大学に興味をもつ人はいなくなるのかというと、そうではないんです。依然として留学生は来ます。それ以上に社会人の学生が多くなっている。あるいは大学院生も含めて多くなっている。新しい価値観を求めて18歳人口以外の人たちが来ている。

しかし、残念ながら18歳人口の人たちの大学に対する期待は下がっている。それを補うほど社会人の学生が入ってきているわけではないので、その需要と供給がマッチしていないことが、大学としては今後の推移が見えないということです。

そういう新しい価値観を求めて来ている人たちに、われわれが何を提示できるかというところから、大学あるいはアカデミズムをもう一度再構成する。その時に必要なのは、経験とか、方法論です。あるいは社会で活動していること。これは向後さんが次のように言っておられます。社会で自分たちが働いていることが、理論的にどういう意味があるのかということを社会人学生は求めて来ているんだということです。

社会人は何らかの期待をしてる。それがいったい何なのかをわれわれが追究することが、新しい大学の道になる。そして、それがアカデミズムの新しい1つになるんじゃないかと考えています。この2点ですね。

門倉 おふたりの言われたことを私なりにとらえ返すと、非常に大まかに言うと、知識を教えるのではなく方法を教える、つまり「学び方を学ぶ」ことが大事になってきていると言えるのではないでしょうか。知識自体は現代社会の進展の中で非常に陳腐化しやすくなっていて、どんどん新しい知識を吸収していかなければやっていけないような状況になってきています。そういうところから、知識をどのようにして得るかという、「学び方を学ぶ」ことが大事になってきているんじゃないかと思います。

だけど、「学び方を学ぶ」ってまだ非常に抽象的な言い方なので、学ぶ経験とい

うのかな、要するに、今の学生たちは、何かを学び取ったとか、本当に自分が知りたいことがよく分かったとか、自分の力でよく分かったとかっていう経験が非常に少ないんじゃないかと推測されるんです。そういう中で、自分が本当に知りたい何かが自分の力で調べてよく分かった、そして、ほかの人と話して、ほかの人にも納得してもらったというような、非常に基本的な、学んで何かを理解できた、修得できたといった経験をどういうふうに提供するのか。そういうことが大学でも要求されているように、私としてはおふたりの話と私との考えを付き合わせて思うわけです。

　今のようなとらえかたをすると、ちょうどAJのコンセプトとする日本留学試験が導入された2002年度から、同じようにというか同じ時期に、小・中学校に導入された総合的学習というものが狙っているものと、通じてくるところがあると思っています。そういう面でもAJでやろうとしていることが、教育全体の大きな方向転換というか、動きと通じているところもあるかと思います。

●日本語教師のメリット

三宅　筒井さんが最初に日本語教師に10年ごしの恋をしてくださったということなんですけど、当事者側から日本語教師の良いところを述べてみます。ほかの一般的な大学教員とちょっと違うのは、日本語を総体的にとらえることができるというのがまず1点あります。これは別に日本語教師でなくても、日本語を研究している人、分析している人はみんなそうだと思うんだけども。しかし、日本語教師は自分だけが分かっていたり、自分の研究者の仲間内で分かっているだけじゃ駄目なわけで、相手、つまり留学生が分かるように、説明なり、練習なりをさせなきゃいけないというのは、すごく大きなことだと思うんです。

　つまり、自分が1回かみくだいて、それから相手を考えて、相手に分かるように伝える、ないしは相手が分かるように練習させるということは、すごく大変なプロセスだと思うんです。もしそれを説明しても留学生が分からなかったら、日本語教師は分かるまで教えなきゃならない。それでも分からないのは、きっと自分の教え方が悪いんだから教え方を変えなきゃということまで考える。これは、大学教育の中ではものすごく特殊なことで、一般の教員にとっては大きな思考の転換を要することです。

大学の中では、教員の意識は「自分は大変豊かな知識をもち、深い思想をもち、それを学生が学んでいかなければならない。受け取る側、学生が分からないというのは努力が足りないのだ」というのがいまだ一般的だと思います。

門倉 分からないほうが悪い。

三宅 そう、悪いんだと。自分はこの高みで待っているんだからいつでも昇って来いと、そういう姿勢ですね。だけど、分からせることをしたかと言ったら、していない。それが日本語教師とは正反対だろうと思うんです。

それから、日本語教師は分かってもらうだけじゃ駄目で、それを今度は学習者が自分の言葉として表現する、そういうサポートをしなきゃいけないわけです。

そういうことを考えると、さっき私が大学教育で今必要なものとか、思考の転換をしなきゃいけないものといったことを、実現化できる要素を、ある意味で日本語教師はスキルとしてもっていると思うんです。だから今度は、スキルだけじゃなくて、これからの大学教育がどういうものを目指さなきゃいけないかということを、もう1つちゃんと踏まえてくれたら、日本語教師ほど大学教育を変えることのできる人はいないんじゃないかと、私は思うんだけれども。

筒井 1点目は、もう既に三宅さんのおっしゃった、相手が知らなければ分かるように教えるというプロ意識。これは本当に違う。つまり、学生の責任にしないでこちらでできることをまずやろうということですが、日本語教師以外の方にはこの意識は非常に弱いです。世代的にあまりにも違い過ぎる学生に教える術をもっていない。この意識をどう越えるかが、これからの大学教育でものすごく大きな分岐点だと思います。既に日本語教師の場合、越えちゃって、新しい道を歩み出している。それ以外の専門家がまだ橋を渡っていないというところが第1点。

2つ目は、何度も言いますけれども、多様な授業方法とか授業内容とか、そういうものです。

3つ目として、2年前の日本語教育学会のシンポジウムをいくつか見て驚いたのが、留学生向けの授業は、授業の中だけでの教育ではなくて、授業以外の、場合に

よれば生活支援や相談までやるのが日本語教師の業務になっているんです。これはほかの分野では全くありません。

●生活場面も含む教育

筒井 いろいろ議論もあるんですけれども、今日本の大学生の言葉の表現力が落ちていると言われます。授業の中では自分の言葉をもたないし、自分自身で表現しようとしない。では、彼らが24時間、別の場所でも同じような姿を示しているかというと、全く違う。典型的なのが、例えばバイト先での彼らの姿です。

コンビニやファミリーレストランへ行くと、もちろん基本はマニュアルに沿っているんですけれども、ある程度習熟してくると、マニュアル・プラスアルファのことができて、非常に生き生きと対応してくるわけです。逆にこちらが客として入った時に恥ずかしくなって、しどろもどろになるのですが（笑）。彼らは生き生きと、そのしどろもどろになった客を非常に丁寧に扱ってくれる。バイトの場合はお金にかかわっているとしても、彼らは状況の中で自分がどうすればいいかということを判断している。それができなければ、バイトもできないですから。

授業の中だけを見ている社会科学や人文科学分野では、それは金もうけのためだからといって切り捨てるんです。多分日本語教育だったらそういうわけにはいかないし、切り捨てないでしょうね。そこも含めて彼の生活なんだと。例えばバイトがしんどいならば、それをどう支援していくかとか、相談に乗りながら授業に向かわせていくことができますから。これも、大きく違います。

門倉 筒井さんの言われたことは、日本語教育というのが留学生教育であるということからして、どうしても授業の場だけにとどまらず、オーバーに言えば全人的に接触、交流していく、留学生と触れていかなければならないということに伴って、日本語教員のほうもそういうノウハウというか、そういう教育、経験を積まざるを得なかったということともかかわっています。しかし、それを果たして全学生に対してきめ細かく教員が対応できるかという問題点が1つあると思います。

また、学生が面白いと思うこととか、学生が切実に感じていることに教育の素材を見つけていくほうがいいんじゃないかということともつながっています。日本語教育の文脈で言うと、状況論的学習ということが最近言われるわけですが、要するにアルバイトも、言葉の規則とか体系を学ぶために言葉を学ぶのではなく、その言

葉を使って何ができるようになるか、何ができなければいけないかというところから言葉の教育をしていこうというような、状況論的学習の考え方とつながっていくと思います。大学の教育自体が、学生が本当に面白いと思うこと、好きなこととか、得意なこととかを素材にし得ないという、そのあたりの問題も考えていかなければならないと思います。

●口頭表現教育のプロ

門倉 それから、日本語教師の優れたところというので、おふたりが言われたことに、私は、あと2つぐらい付け加えたいんですけれども。

1つは、口頭表現教育の修練を経ているっていうことですね。日本語教育が、話す・聞くという領域を重視せざるを得ないことから、口頭表現というものをいかに円滑に、コミュニケーション力として鍛えていくかについての訓練を否応なく（これは否応なくということだと思うんですけれども）していることが日本語教員の、大学教育にも還元したほうがいい大きな点だと思うわけです。日本語教員のほうもそれほど習熟しているというわけではないけれども、ほかの領域の教員よりは教育経験としても、それから教授法の検討にしてもやっぱり一日の長はあるかなと思います。

それからもう1つ、私が日々の教育現場で非常に感じていることは、何といっても日本語教員は、留学生と接しているので、異文化間コミュニケーションを教育現場で日々行っているということなんですね。それで私自身は教養教育の中でも日本人学生と留学生を交えて「異文化間コミュニケーション論」という科目を10年ぐらい担当してきているんですが、そういう異文化間コミュニケーションというものに日本語教員が慣れているというか、慣らされていることが、今後の大学教育のあり方にどういう意義をもつかという点が大事だと思います。一言で言えば、コミュニケーションというものの本当のところというのは、やっぱり異文化間コミュニケーションなんだと思うんですね。

よく言われることだけれども、異文化というのは、国籍、人種が違う人の間にだけ生じるのではありません。実は同じと思っている人の間でも、いろいろな意味で、文化の違いというものがあるのです。さっきの、コミュニケーション力、相互理解というものも、そういう異文化間コミュニケーションというような、目につきやす

い異なりから、もう一遍とらえ直す視点が大事です。先程の新しい大学教育のあり方として、他者とつながるとか、あるいは他者と学び合うというような関係性を築いていくことを考える時には、日本語教員の異文化間コミュニケーション力が寄与するところが大きいのではないでしょうか。もちろん、それはかなり過剰な期待という面もあるんですけれども（笑）。

●日本語教師の立ち位置

門倉 今まで、これからの大学教育を考えるうえで日本語教員の優れている点、あるいは貢献する点としていくつかの点を挙げたわけですが、AJ の教育では、今まで挙げたような日本語教員の良い点というか、美質というものを生かす方向性で考えたいと思っています。ただ、その場合でもやはり、今、日本語教員が大学行政というか、大学の教員の間でどういう位置を占めているかという現状は踏まえておかないと、日本語教員がこれからの大学教育にどれだけ貢献できるかということも展望しづらいのではないかと思います。その点について、三宅さんのほうから、どうでしょうか。

三宅 以前、筒井さんが、日本語教師の位置について何という言葉を使われましたっけ？今までどこかにいた…。

門倉 別荘でしたっけ。

三宅 うん(笑)。別荘って言ってくれたんだけど、別荘じゃないですよね。つまり、別荘みたいないいところに、いいところというか特別にあつらえてもらっているわけじゃなくて、母屋の横にある「離れ」にいるというのが現状だろうと思うんですね。

　大学によって違うから一概には言えないけど、私も留学生センターにいたことがありますが、留学生センターというのは位置付けとしては、ちょっと「離れ」っぽいかなと。もちろん、そこから教授会に出て行ったりするんですけれども。やはりそこの中で、大学全体の中で、日本人に対して教育をしているという位置付けがないですから、大学教員の間でも協力して学生を育て上げていく集団の一員であるという意識が薄いですね。そこを何とかしないとこれだけの技術集団が大学教育全体の中に貢献できないというのは、すごくもったいないっていうか、無駄をしているというふうに思うんですね。

　もう1つ難しいのは、例えばそういう教育技術のある人が同僚になった場合に、

ほかの教員は同僚からは教え方を教えられたくないというのが、やはりあるんですね。だから、私もそんなに技術はないですけれど、多分、教えるノウハウを少しはもっていると思うんですよ。だけど、私がしゃしゃり出て教えるとかノウハウを教え合うということはできないんですよね。

だからそういう意味で、すでに一部の大学が行っているように、外部から教育集団、予備校の教育集団が入ってきたりするわけで…それだったら大学教員も受け入れられるんですね（笑）。

筒井 私は日本語教師ではないですから、大学行政の中における日本語教師の位置をあえて否定的に説明をします。外から見ているだけなのですが、日本語教師以外の教員は大体次のように見ています。

留学生の指導が大変忙しいのは、それはみんな分かっているんですよ。授業以外にもいろいろとお世話されているから大変だなというのは分かるんですけれども、大半の教員は、日本語教師のことは視野に入っていない。それはなぜかというと、はっきりしています。日本人の学生を教えていない。この1点に尽きます。

日本人の学生を教えれば、学内のほかの教員の見方が確実に変わります。しかもお手伝いではなくて、1年次から4年次までの教育にかかわるような、ほかの教員と同じような感じでかかわっていく。もちろん、留学生のもちコマと日本人の学生のもちコマの調整も当然ありますから、何が何でもそこで頑張りなさいということは言いませんけれども、何とか工夫をして、日本人の学生を正規に教えていく。これが一番正攻法です。

それをどう工夫していくかは、各大学によって違いますけれども、社会人の学生に対して、いわば、これから大学にとっては伸び盛りの分野へ乗り出していくことも1つの方法かと思います。正しいことをやっていれば、いつかは分かってくれるということは、あり得ないので、正しいことも学内行政で信頼を得ないと理解されません。

門倉 先程三宅さんが言われた、学内で自らの力を見せなければいけないという点ですね。

筒井 だから、例えば教育で大学を変えることは重要ですけれども、学内行政はまた別の感覚で動いていきますから、ここできちんとした仕事をしなきゃいけない。

それともう1つ。日本語教師という、教師という点がほかの分野とは大きく違っています。だから、教えることというのはもちろん重要です。大学でも教育重点大

学が多数になってきて、その中で教育の重要性、つまり研究業績よりも教育実績のほうがよっぽど役に立つ。それは分かるんですけれども、日本語教師自体のアカデミックな位置付けを考えると、実践を通した教育を研究にまで昇華させる努力が必要なんですね。

　それを日本語教育学会で報告するのも1つの方法ですけれども、私はそこでひとこと言いたい。日本語教育学会は、依然として留学生教育の中で守られた集団だと思います。ですから他流試合を、ぜひぜひ研究成果を外で発表してほしい。日本語教師の実践を理論的に位置付けて報告をすれば、非常にインパクトがあるので、出ていけばいくらでも広がります。

　研究上でも、そういった教師から研究者へという転換、学内における行政的な位置付け、それと日本語教師のやっているノウハウ、この3つを連動させることは、日本語教師にとっては確かに以前のような純粋な世界ではない。しかしながら、今の大学、あるいは今の市民、あるいは今の社会が置かれている現場に直面する点で、これは乗り出したら非常に面白い。そしてメインストリームになる。そういう可能性があると思っています。

三宅　先程まで生活的な日本語とか支援とかおっしゃって日本語教師を賛美されていたのに、実質の世界では留学生相手に閉じこもっていては駄目だという言い方を今なさっていますが、その気持ちも分かるんですね。なぜかというと、学部の教員の中でも、やっぱり、「そんなの、やってられないよ」という感覚が、日本語教育の教師たちが主張したりすることに対してあるんですね。

　例えば、私もそうでしたけど、留学生を教えるのに、「10人以上じゃ無理です」とか。もちろん、初級と中級を一緒に入れて、「10人だから。こんな少数のクラスは日本人学生相手ではありえないんだから」と言われても、それは暴論だと思うんです。私がいた留学生センターでも、4人クラスとか6人クラスとか、平気でありました。1人で数百人を教えていることが普通だったりするような先生から見れば、そんな、それこそ純粋培養の世界というか、特殊な環境で教えてて、それでできた、できないって話はないだろうっていうところがあると思うんですね。

●日本語教師の教育スパンは短い

三宅　それからもう1つ、日本語教師と学部の普通の先生との違いですが、日本

語教師と学習者の間の付き合いのスパンはものすごく短い。つまり、短い場合は数ヶ月か半年、長くても1年、2年。だけど、学部の先生は入った時から出る時まで、大学院までを入れると、学生の成長に長い期間かかわっている。18歳の時も22歳の時も知っているわけですね。そういうスパンで学生を見ているわけです。

　そういう意味で言えば、日本語教育ではものすごく短期的なつながりで送り出している。ある意味いいとこ取りしているというか。学部の先生は泥の中に入りつつ（笑）、格闘しながら育てているのですよ。

門倉　なるほど、純粋な世界とはそういう意味ですか。

三宅　うん。そういうところがあるんじゃないかなと思うんですね。

　話をちょっと変えますが、先程、積極的に打って出るという話をしました。打って出るのも、機会がないと出れないわけですが、普通はあんまりもらえないわけです。じゃ、どういうことが可能かという時に、こういう横につながってきてますよね、日本語教育、学部教育、初年次教育、専門教育、NPOとか、そうつながってきて、それから、それこそ予備校までを含めた日本語表現をやっている人までつながってきて、これは1つのうねりになるんですよね。

　そういううねりを利用することによって、大学の中じゃほんとに小さな粒なんだけど、外に出ていった時に、こんなにインパクトがあるよ、と主張できるようになるんじゃないかなと思います。

門倉　なるほど。編者の3人の中で、私だけが日本語教師とは言わないで、日本語教員というふうにずっと言い続けてきました（笑）。それは、特に大学という場においては、「教師」というと教育に特化している印象、露骨にいうと「研究しない人」という印象を与えてしまうからなんですね。それで仕方なく、「日本語教員」という官僚的な言い方をしているわけです。

　ところで、先程来、日本語教員のメリットというか、良い点についていろいろ何点も挙げたあと…学内での位置ということからすると、一転して（笑）、いろいろなデメリットというか、日本語教員が大学教員としてほかの大学教員と比べて足りない点というか、やってない点ということについても焦点が当てられて、ある意味、バランスが取れたとは思います。留学生センターの教員として日本語教員をある程度代表するという立場に立って今のお話に対して答えるとすると、まず第1には日本人学生を教えるということが大事なんだということは私も日本語教員になって以来ずっと考えてきたことで、実はすぐ実践したことでもあるわけです。

それは教養教育の中の、ほんの1コマをもつということでしかないんだけれども、「異文化間コミュニケーション論」というかたちで日本人学生と留学生の混合クラスを組織して、教養教育を担うということでやってきました。近年、留学生センターの教員も日本人学生を教える場をもつほうがいいということになって、横浜国立大学では「国際理解」という教養教育科目を、今4人の留学生センターの教員が1コマずつ担当するというかたちで日本人学生との接点ももつように努力はしてきています。これは横浜国立大学だけのことではなくて、全国のほかの留学生センターでもかなりのところが、教養教育の中で日本人学生を担当するというケースが出てきています。

それから、もう1つは、日本人の大学院生の大学院教育に関与するケースです。それによって院生との接点をもつと同時に、先程の筒井さんの話にあった、教育者としてだけではなく、研究者としても存在価値をもつというか、存在感をもたなければいけないという点にも応えるようになってきていると思います。日本語教員養成が中心あるいは異文化理解というような講座が中心だとは思いますけれども、そういうところに日本語教員がコマを担当するというケースも出てきていますので、必ずしも純粋培養領域に自足しているのではないわけです。

ただ、三宅さんが言われたように、私自身、このAJという領域は、日本人学生への日本語表現法の教育研究領域に通じているので、日本語教員の教育領域を飛躍的に広げることになるという、そういう可能性も当初から見越していたというか、そういう展開をしたいと思っていました。ですので、三宅さんが最後に言われたように、異領域の人たちと日本語教育担当者が積極的にこのAJという教育研究領域を通して研究交流していくということは非常に重要なことであり、日本語教員の展望を開いていくことにつながるというふうに位置付けています。

筒井 いや、学部の教員にとって視野に入るかどうかは、ゼミをもつかもたないかなんですよ。

門倉 ゼミをもつということが、大学教員として一人前であるかどうかの尺度というわけですか？（笑）

筒井 そうですね、やっぱりメインストリームはそれなんです。

三宅 常に自分の研究領域をもってるってこと、ゼミがあるということでね。で、それを1年の時から4年まで育てるということの意味ですよね。

筒井 だから、日本語教師が留学生の教育をするか、日本人の学生を教育するか

という選択の問題ではなくて、両方を何とかゼミの中で可能にする方法を考えていく。

　純粋な日本語の「言葉の教育」は、非常勤に担当してもらい、専任の日本語教師はできるだけ日本人の学生と留学生の両方をもつようなかたち、ゼミナールみたいなかたちを志向していくことです。これは留学生センターであってもなくても僕は一緒だと思うんです。学部のゼミを学部教員だけでもつのではなく、ほかのセンターなり、いろいろ助けを借りないと、もう学部教育はもたないんです。

●日本語教師の専門性をどのように確保するか

門倉　まあ、学部の中でどういう学科が留学生センターなり、どこなりの所属の日本語教員にゼミをもたせられるか、そういう可能性のある学科があるかどうか、ということが大きいと思いますね。

　もう1つは、やはり、日本語教員がどれだけの専門性を確保し得ているかということが非常に大きな課題としてあると思います。私自身も、AJということで教養教育的な側面を重視しています。けれども、教養教育的な手法で学んだという実感がもてるという時も、やはりそこには教師、教える側の何らかの専門性というものが背景にないと、全く無手勝流では問題発見・解決といってもできないのではないでしょうか。ですから、やはり日本語教員は、何か1つここは非常に深く勉強したという、そういう専門領域をしっかりと確保して、勉強は続けていくべきであると考えていますね。

　ただやっぱり、学部の構成とか、大学の大学内行政事情からすると、大学の日本語教員が学部教育、卒論指導まで一貫して担当できるようになるのは現状としては非常に難しくて、先行きが当面開けないというところが圧倒的に多いと思う。逆に大学院教育のほうが出向しやすいということがあります。

　だから私は、やはり日本語表現法という教養教育ですね。初年次教育とか、教養教育における日本語表現法というものの中で日本語教員がリーダーシップが執れるような、そういう素養とか学内の位置というのを獲得するということが一番現実的なんじゃないかなと思っています。

筒井　いや、だから、それは日本語教師の養成ではなくて、日本語表現法の養成コースという感じで。日本語教師ではなくて、いろいろな分野の人たちが入ってきた日

本語表現法の養成講座を専門にもつということだったら、他分野との広がりがあるから、可能性がある。現実的にどこの分野に入れるんだというと、難しいんですけれども、教養教育でそれを教える、専門教育では別の分野で。それでも僕は構わないと思うんですけどね。

　いずれにせよ、自分の1つの専門分野だけで教えていては、これからの大学教員の先行きは非常に不安定ですから、専門教育で2つの専門分野をもつ、あるいは専門教育と教養教育とをもっておくこと。それは自分の視野を広げるし、自分の将来を保障することにもつながってきます。そこからいくと、日本語表現法はアカデミックなところで、（日本語教師の養成ではなくて）日本語表現法という広い範囲で貢献するとすれば、日本語教師が中心になるべきだと思います。

門倉　日本語表現法というのも1つのディシプリン（専門領域）になるという。

筒井　ええ。

門倉　学部教育まで絡んでいくような。

筒井　はい。

三宅　でもね、今の教員養成じゃ駄目だと言われたんだけれども、教員養成の隠れみのって変な言い方だけど、外側はそれでもいいと思うんですよね。教員養成というか、副専攻らしきものがある大学はいっぱいあるんですね。日本語教育という講座名をたてれば、少し人が来るということがあります。

　ただ、受けている人はほとんど日本語教育には進まないんですよ。うちの大学でも2005年度まで講座がありましたが、日本語教師になるという熱い思いで講座を取っているわけじゃない人が多かった。例えば、本当はそれで資格を取れるわけじゃないけど、副専攻にいいかな、と。

　で、実際に、履修してどうなるかというと、私の教えていたクラス、ほとんど欠席なし。ほとんどの学生は一度も欠席しない。それは面白いからなんです。ある面実学的なところもあるんだけど、ものすごく学びがあるんですね、言葉に対しても。

　それから、国語教育でも実習をやって、日本語教育でも実習に行く人がいたりするんですが、比較するんですね。「国語教育は初めから教えることが決まっている」とか、「テキストの作り方はこういうふうに違う」とか、そういうことで面白いし、それから相手が留学生だとこっちがもっている前提が全然通じなかったということが如実に分かってくるわけですね。実習の模擬練習をしてても、つい教えたがるわけですよ。「教えるな」と言っても項目を教えたがるんですね。

ほとんどの人は日本語教師にはなりませんけれど、すごく学んでいるんですね。彼らにとっては、いろいろ自分で学ぶことがあって面白いんだと思うんです。だから、大学教育がスペシャリストを4年間で育てるわけじゃもうなくなった時代に、こういう新しいことに目覚めていく教育の意義は大きいと思いますね。

門倉 そう、そういうこともありますよ、大きな点として。

三宅 私の学生は、英語専攻、日本語専攻、中国哲学とか、教育とかいろんな人が来てたんだけど、すごく満足して、一度も欠席せずに来るわけですよね。で、面白い、ある程度のレベルのレポートを書いて出ていく。それってすごく重要なんじゃないですか？

門倉 そう、重要だと思うし、それから今の話との関連で言うと、教員養成のコースには、やはり必ず日本語教育を入れるべきだっていうか、入れたほうが良いという点もありますね。

三宅 一時、議論されましたね。

門倉 そういうのは日本語教育学会も主張していたことだし、今でも主張しているかもしれない。その点が今、もっと必要になっているわけです。日本社会が多文化社会化していて、小・中学校に外国人の子弟がたくさん入ってきているわけですよね。そういう子供たちに対応する時に教師として一番必要な素養は、先程言った異文化間コミュニケーションの能力なんですね。

そういうものは国語の教員養成課程の中でどの科目もやってないんです。やるとしたら、それは日本語科目っていうか、日本語教育の中で異文化間コミュニケーション論というのを設けて、必ず取るようにする必要があると思います。そこでの異文化間コミュニケーション論の教え手は、アメリカの異文化間コミュニケーションを翻訳しているような人では駄目で、やはり現場で日々異文化間コミュニケーションに従事している日本語教員が、教員養成課程の科目担当者として非常に適格なわけです。そういう面では、そういう面でもと言ったらいいかな、日本語教員というのが学部教育の中でも活躍する位置はあると言えると思いますね。

● **思いを実現すること**

筒井 AJは、大学から、あるいは大学の舞台から市民の日本語に向かっていくものだと理解しています。つまり、市民の日本語は、社会に生きている人間に対する

大学からの1つの問題提起だと理解しているんですね。
　だから、もちろん授業の中で必要な日本語力も大切だと思うのですけれども、大学が社会に対して貢献できることは、1つはスキル。もう1つは、卒業後に社会にとって、あるいは社会に生きていて楽しいとか、自分自身が貢献したいという人たちを育てることです。だから僕自身の授業の方式でいくと、いつも「自分の夢を実現する」というテーマの設定をしているんです。
　これは何かというと、将来に向かって、自分自身が自分自身の目的を実現する、あるいは社会の中で自分が貢献することとつなげています。それが大学の中から社会に向けての日本語の1つの役目なんですよね。
　その方法はさまざまですけれども、1つは今、社会に起きているテーマ、あるいは自分自身がもっているものです。その連関の中で、例えばインターンシップへ行くなり、現場に行くなり、専門家の話を聞くなり、あるいはオンラインでのコミュニケーションをする教育法とかを活用することです。
　私の授業は、みんなの夢を実現することを学術レポートの形式にすることですが、人によってはレポート形式になる人とならない人がいて、悩みなんです。学術レポートの形式、あるいは企画書形式に収められる人はそれでいいし、収められなければ収められないということも許容するようにしてます。人によって夢が小説形式になる人もいまして、（私の指導力にも当然問題があるんですけれども）とにかく自分が本当に楽しいと思うことを大切にして文章を書こう、あるいは、自分が実現したいということを語ってもらいます。人に語ると責任が出ますから。
　そうそう、1人面白い学生がいました。ディズニーランドを、しかも移動型のディズニーランドを造りたいという人がいて。ディズニーランドという固定したものを移動するというのは、面白い。もっと面白いのが、その学生はディズニーランドへ行ったことないんです。行ったことがないけど、移動型のディズニーランドを造りたいって言う。

門倉　移動型っていうのは、ちょっとイメージがわかないけど。船みたいなものですか？豪華客船とか。

筒井　どうするかっていう話の中で、どうせやるんだったら都会人が驚くような、ものすごい過疎地帯にあったらどうかということになって。ディズニーランドというのは、ミッキーではなくて、何かエンターテインメントの…。

門倉　テーマパークのようなものですか。

筒井 それは都会には絶対なく、非常な過疎地域でないと見られないものを造ろうと。都会の資本じゃなくって、地元の、例えば廃校になった小学校をテーマパークにして、村の人がそれを運営する。けれども中でやっているのは超一流。役者は、日本各地や世界中から呼んでくるとかいう話をしまして…これってものすごく夢があるんですよ。

門倉 なるほど。

筒井 それが本当に実現するかどうかは別にして、考えると楽しいんですよね。移動型のディズニーランドを造りたい。でも、ディズニーランドへ行ったことがない。そこから「絶対行くなよ、ディズニーランドへ。実現するまで絶対行くなよ」っていうと、どんどん話が展開していくんですよね（笑）。

門倉 なるほど。

筒井 そういうことを考えながら、じゃ、そうしたら、廃校を借りるってどうするのかとか、役者をどう呼ぶのかと考える。その彼女はコーラスや演劇をやっているので、役者を養成するシステムをどういうふうに作っていくかについていろいろ考えてくるんです。そういうプロセスを考えていく際に、ものすごく彼女が伸びていくのが分かるんですよね。文章が非常に論理的になってくる。

門倉 そうなんだ。

筒井 初めは感情だけで言ってたけれども、「とにかく1パラグラフ1テーマにしなさい」と言うと、だんだん感情を抑えて、文章が非常に落ち着いてきました。この夢が、卒業後に本当に役に立つかどうかは分かりませんけれども、ある時に、そういうテーマパークが自分の田舎にあったら面白いなと思って動き出したら、将来実現するかもしれない。そういう人材を育成する、あるいはそういう感覚を育成したい。

門倉 それが大学からの市民社会へのメッセージだと。

筒井 はい。そうです。

門倉 私、今の話ですごく響くところがありました。筒井さんの論文を読んでいて、「夢」というところがよく分からなかったんです。夢をもたせる、夢についてとかって。今の話を聞いて非常によく分かったのは、筒井さんが「夢」と言っているのは、私が「問題」と言っているものと実は同じなんだと。私は問題発見と言っているのですが…。

三宅 夢、発見なんだ。

門倉　うん。それを「夢発見」と言っているんで、そっちのほうがいいかなと思う。「問題」と言うと、ノー・プロブレムのプロブレムにもとれるから。
　だけど、問題を発見することは非常に難しい。探求することによって深めていって、何か実りのあるような問題を設定することはすごく難しいんです。そうしたことを教養部で哲学を教えていた時に、学生のレポートをたくさん読んで感じさせられてきているんです。それと今筒井さんが言われたこととは、実は何かつながっているところもあるのかなと思ったりもします。つまり、レポートというかたちになりにくいような問題というものを、学生が切実にもっているんじゃないかというふうに。

三宅　なかなかまとまらないっていうのは私自身経験ありますよね。論文を書くって、つまり引用や参考文献がなきゃ論文じゃない、データがないと論文じゃないとかいうしばりを感じて、ほんと書けなくなっちゃう時がある。本当は言いたいことがいっぱいあるのに論文形式では書けない。何十年も生きてて言いますけど、何十年も生きている人でも、思いを論文の中で表現するのはやっぱり大変なんだから。たかだか 18 か 19、22 の辺りの人たちに、まずは論理的に書けとかむずかしいですよね。まずは自分の思いを語ったらいいだろうにと思います。

門倉　なるほど。

筒井　語ったものがだんだん論理的になる。人に伝えようと思ったら論理的にならざるを得ないんで。

三宅　そうそう。だから、人に分かるためにはということを考えていかなきゃ。

門倉　確かにそうですね。だから、私も問題をアカデミックな枠組みの中で、きっちりとレポートにするということを必ずしも目的にしているのではなくて、最近考えているのですが、問題が自分だけにとっての問題であっては、やっぱり面白くない。だから自分が問題と思うことがほかの人にとっても問題として共有される、夢と言ってもいいのかもしれないけど、そういう説得力をもたせるということで、他者というもの、他者の考え方とかまなざしというものが自分の思考の中に入ってくるのかなと思っている。

●アカデミックであることは必要条件ではない

三宅　AJ って何なのか、あまりうまく言えないんだけど、ひとこと言っていいで

すか。私はもう、アカデミックという点には、あまりこだわっていないんです。大学っていうのは人生の通過点だと思っています。4年間しかない中で、そこで種をまくんですね、私たちが。本当のところ、そんな、ちょっと種をまいたからといってすぐ芽が出るわけではない。本当は評価っていうのはものすごく矛盾がある。

つまり、学生は、非常にいろいろなことを探索しているかもしれないんですね。それをすばっと切って学期末にレポートを出せとか、試験するからっていうのは探索途中のものを出させているわけです。実際は種をまいて、芽が見える学生もいれば、今は見えないんだけど、大学出て何年かたったらすごくそれが生きる人もいるわけです。学ぶというのは、本当はそういうものなんだろうと思うんですね。

で、AJということを言えば、筒井さんと同じように考えているんです。もちろん基本的な批判的思考力とか、論理的な考え方とか、そういう大学でトレーニングできるものは、この時期に、ある程度したほうがいいだろうと思う。でもそれが別に机上の学問の体系じゃなくて、現実の身近にあるものの中からでもできるわけです。大学の4年間の教育はもうアカデミックな人を作る教育ではないってことは、今の状況では歴然としています。レポートとか卒論を書かせる作業というのは、これからもあったほうがいいと思いますけれども、それをしつつ、実際に育てているのはなにかというと考え方です。ものの考え方とか、それこそ問題の探し方というか、そういうことで、それが種だと思う。

ですから、そうなると逆に、AJが日本語教育から出発したと考えるなら、ずいぶんはるかな道を来てしまったというのが私の実感です。初めから日本語教育だけに特化したAJというのは自分の中ではなかったわけですが、いま、日本語教育、大学教育、市民教育というのがつながりつつあるなっていう感じをもっていますね。

門倉 私は、先程AJの3要素ということで言語教育、スキル教育、教養教育という領域の接点というか、それが相重なるところにAJを位置付けたんですね。

そして、スタディー・スキル、あるいは言語的な面でのスキル。たとえば速読。それこそ、スキャニング・スキミングとか。あるいは論文を書く時に、序論、本論、結論をどういうふうに並べていくかっていう言語的なスキルとか、学ぶ時のスキルとかのスキル教育、学習の側面と、それから先程来問題になっている筒井さんの言い方で言えば、「夢」だし、私の言い方で言えば「問題」なんですけれども、そういう探求すべき課題というのをどういうふうに見つけるのかとか、そこら辺のところをさっきの3領域で言えば、教養教育という言い方をしました。

私の見方では、問題を見つけるためには、教養が必要だと考えるわけですね。自分の立てた問題が、自分だけの私的な、個的な問題ではなく、社会的な問題、あるいは他者の共感も得られるような問題であるには、知的なアンテナ（「市民的な教養」という言い方をするんですが）に裏打ちされた問題設定である必要があるんじゃないかと思っているからです。

　ただその時に、スキルを養成するということと、ものの見方、考え方の土台をしっかりと形成するっていうことが、ともすれば、両方両輪のように育てられるというようには必ずしもいかなくなってしまう場合も出てくるのではないかということですね。

　これは非常に一面的な言い方かもしれないけど、スキル教育というのは、大事なんだけれども、学ぶ側も教える側もスキルを教えられた、学べたということで自己満足してしまうというか、良かったねということで終わってしまうという、そういう危険性がともすれば出てくるのではないでしょうか。

三宅　さっきの種まきと同じで、種だけまいておいて、今すぐに芽が出なくても我慢するということが必要だと思います。大学にいる間に「やった」という気持ちになれるかは難しいと思ったほうがいいかもしれない。でも、人生ってそういうものですよね。急に芽が出るんだったら、苦労しませんよね。

門倉　ただ、「問題発見解決」というふうに総合的学習では言っていて、一定程度の解決の成果みたいなものが出ると考えないと、それこそ教育として成立しないと思うんです。

三宅　で、それが間違いかもしれないんですね。間違った、失敗した。それを踏まえて次にまた考えるってことが大事なわけですね。だから、うまく答えが出たっていうようなものでなくてもいいんだと思うんですね。

門倉　そう、新たに問題が発生するとかっていうほうが、本当は問題としては豊かなんで。そこで何か解決して、終わっちゃいましたというのは小さな問題だったということ。

●「何をしたいか」を考えよう

筒井　僕、自分の夢を設定する時に、条件を付けているんです。「何々になりたい」というのはやめよう。つまり自分はミュージシャンになりたいとかね。

門倉 世界一の社長になりたいとか。

筒井 それ、やめようって。なぜかっていうと…。たとえば教師になりたかったら、教職の準備をして、あるいはダブルスクールして、頑張って資格試験を通って、というふうになるでしょう。でも、僕はそれをやめようと。つまり、職業に就くためっていうのは夢じゃないと。そういう職業に就いて何をするのか、何を作るのか、そっちが夢なんだということなんです。僕は、問題発見解決能力は、職業ではなくて、コンテンツのほうだと思っています。

門倉 職業のほうはいわばスキルにあたるわけですか？

筒井 はい。だから、資格に通れば職業に就けるわけですから。教師になろうってことが。教師志望の学生の中には、「合格してからどういう教師になるか考えます」という学生が少なからずいますよね。そうではないと。大学でのAJの課題としてどういう教師になりたいかを絶えず問いかけていくことです。

三宅 箱と中身ですよね。

門倉 「道具」とされているのかな。道具と思い切ったうえで訓練していく。

三宅 うん。そう、だからいろんな二項対立で整理して考えると、見えてなかったことが見えてくることがある。ああ、そういうふうに私たちは見ていたのかって。

筒井 もちろんそういうことなんですが、全国の大学で日本語表現法を普及している立場からいくと、こういう「ことばの教育」を今まで経験したことがない先生方に担当していただこうと。その時に一番言われるのが、「講義マニュアルが欲しい」と、「どういう授業をすればいいのか教えてほしい」ということです。私は、「基本的にはご自分で考えてください。ただし、ほかの大学ではこういうシラバスがありますよとか、過去の授業報告書がありますよ」ってお話しはするんです。やはり全く授業をしたことがない人にとってみれば、マニュアルが必要だし、スキル的な要素は、少なくともこれさえ教えていれば何とか授業がもつという意味で、ものすごくありがたいところがあるんですよね。

門倉 箱と中身ということで言えば、箱だけではだめで、だからスキルだけを教えるということはあり得ないですよね。

筒井 大学はスキルだけでは専門学校に勝てないんですよ。大学が勝てるのは、それ以外の要素をどれだけ豊かにしていくかという教育の仕方です。

●アカデミック・ジャパニーズのこれから

三宅 今まで大学が重視していた知識教育っていうのがありますよね。その知識教育から、それだけじゃ駄目なので、スキル教育へとある意味見方がシフトしているようなところがあるけど、知識もスキルもやはりものの考え方教育とは対立する概念ですよね。だから、さっきの漢字の「言葉の教育」は、知識教育。で、学ぶスキルの教育が「スキル教育」ですね。そして、その次に「問題解決」という3つになっているってことに今、気づいたんです。だから、表現法やAJが出てきたのは、知識だけでは駄目だよというところがあるから出てきているのでしょうから、そこの中でスキル教育、スキルを重視した教育をどんどんやっていくのか、ものの考え方を学ぶことにある程度、焦点を置くのかっていうことですね。

門倉 三宅さんの論文で主張されている、大学ないし教室という場を共有すること、そして対面コミュニケーションを交わすということの意義を改めてとらえ直していかなければいけないという点は、大学の教育のあり方を根本から問い返すということとつながっている大きな問題ですね。バーチャルコミュニケーションが増えており、バーチャルコミュニケーションの中に自足しがちという現代的な若者像というものから考えても、非常に重要な問題なんじゃないかと思うんです。

それから、先程筒井さんが、日本語教員は社会的な問題に否応なく直面する、留学生や日本語学習者の社会的に置かれている位置から、社会的な問題に気付かざるを得ないということを指摘されました。それは確かにそうなんだけれども、社会的な問題を社会科学的に理解するというか、問題化するということは、なかなかできていないし、できにくい。それは、大半の日本語教育者の出自が、結局人文学的なところにあって、社会科学的な知見が足りないということからも来ているのでしょうが、そういう社会科学的な枠組みの中で日本語教育問題をとらえていくということが、非常に大きな課題としてあると思います。今の年少者学習者の置かれている状況をとらえ返す時、強くそう思います。年少者日本語教育の実践とAJ教育研究というのが連携していくと、お互いにとって有益なのではないかなと思っています。

結局、さっきの、大本の話に返ってしまいますが、そういう問題発見解決能力を、学ぼうとしている言語でいかに築き上げるかということが、大切だと思います。

三宅 多分ね。だから、門倉さん自身も揺れていると思うんだけど、その問題発見解決能力育成をコアにしちゃったら、いわゆる学問的というか研究領域としての

確立はかなり難しい。本当はやっぱりライティングにある程度特化したりとか…。
門倉 クリティカルリーディングとかね。
三宅 そういう結果が見えやすいものに…。
門倉 そうそう。見えるものをきちんとやったほうがディシプリンとして確立しやすい。ディシプリンとして確立するっていうのは、別にステータスうんぬんじゃなくて、例えば国際的な連携も取りやすいというようなことです。だから、そういうスキルとかを組み入れて、きっちりとしたAJのシラバスを一応作ったうえで、だけど大事なのは、魂は問題発見解決能力にある、と言うほうが通りはいいかもしれない。
筒井 だから、他分野からどんどんと来てほしい。結局、市場と一緒で、異分野の人が入ってくるところは、伸び盛りの業界なんです。
門倉 なるほどね。
筒井 だから、AJも、それが広がりをもってくるのは、異分野の人が入ってくるとか、その広がりの部分を入れておいたほうが、僕は絶対にいいと思うんです。理系の人が来るか、あるいは企業人が来るか、何でもいいんですけれども、そういう人に呼びかけられるような…。そういう意味で、日本語教育学会も同じです。文学が中心で、社会科学系の思考が弱い。日本語教育学会の今後は、文学系以外の人たち、今までと違った分野の人たちがどれだけ入ってくるかです。

●市民社会の担い手としての表現力

門倉 松本さん、いかがですか。急に話をふって申し訳ないですが、ずっと私たちの話を聞いてくださっているので、ひとこと伺いたいなと思います。ひつじ書房社長として「ことば」とか「市民教育」などに関して問題提起をする本を出版されてきただけでなく、ご自身も絶えず示唆に富む発言をなさってきていますので、これまでの議論を踏まえて何か…。
松本 それでは、少しだけお話しさせていただきます。
　今の話なんですけど、哲学の世界でも、哲学カフェであったり、ソクラテスダイアローグといった感じで、哲学をコミュニケーションしながらやるということが試みられています。臨床哲学の考え方で、ターミナルケアの人のお医者さんに付いて、患者さんと話をするということもありますね。それも一種の新しい会話の仕方とか、

新しい対応の仕方ではないかと思うんですね。

筒井 哲学じゃないですけれど、今、欲しいんですよ、ロースクールで。リーガルコミュニケーションの専門家というのが、だれかいないかとこのあいだ聞かれたんです。

三宅 つまり、法曹の現場で、きちんとしたプロと普通の人の間をつなぐ人のことですか。今、本当に大事ですよね。法律だけでなく、科学と普通の人の間とか。

筒井 いずれにしても、松本さんがおっしゃったような、接点のニーズはものすごく言われてきているので、企業のトレーナーがコミュニケーションビジネスをまず考えています。でも、日本語教師もそれを1つのコアにして打って出ていくこともできますよね。

三宅 本当にそうですね。やっぱり人に分かるように話すってどういうことかっていうのは、コアですね。日本語教師は何かの特別なトレーニングを受けてないけど、日々の活動の中でそれをしてきているんですね。それが科学だったり、法律だったりはしてないんですけどね。でも、そのスピリットは同じですよね。それぞれのオーディエンスに分かる言葉は何なのかを常に考えている。

松本 法律の話を言えば、そんなに遠くない将来に陪審員制度というのが導入され、法律の専門家と市民が一緒に議論することになります。そうなると、例えばその時に、分かりやすい話し方をするとか、強引ではなく、うまく合意を取っていくには、コミュケーション能力が必要であり、日本語教師の方がこの分野に関係することもあり得るのではないでしょうか。

門倉 臨床と言うことでいうと、もう既に介護の日本語というのが、フィリピン人に対して教育しなくちゃならないっていう現実の日本語教育の課題として出てきているわけですよね。

松本 ひつじ書房は加藤哲夫さんの本を出したわけなんですけれど、その前段階として、劇作家の平田オリザさんの話を伺ったという経験がヒントになりました。平田さんによると、日本語では見ず知らずの人と対話をすることができないじゃないかと言うんです。高校生同士とか先生同士とか同じグループの内では話ができるんだけれども、高校生と大学の先生とか、違うグループの人が会った時に話す言葉がないと言うのです。

平田さんによれば、「演説の日本語」とか「講義する日本語」は、近代にできたと言えるそうです。政治家がマイクをもって演説する日本語が、曲がりなりにも一

応できた。けれども、違う階層の人間が話す多様な言語というのは作られていなかったのではないかと言うのです。話せない原因の1つは、対話する日本語というものがそもそもなかったんだということなんです。劇作家として、そういう言葉を作り出すのが1つの使命だというふうな話をされていました。そういう視点で見てみると、加藤哲夫さんがやっているワークショップのやり方とかはこれから市民の日本語を生み出すための知恵とも言える点があるように思えたんです。分かりやすく話したり、違う立場の人と話すための工夫の積み重ねから市民の日本語は生まれてくるのではないか。

　それを「対話の日本語」とか、「市民の日本語」と名付けるとすると、これから作るものじゃないかというふうに考えてもいいんじゃないかというのがあります。そうだとしたら、作る際の重要なメンバーが日本語の教師であり、その1つの試みのあり方が、AJじゃないかというふうに思います。新しい日本語を作るプロセス自体が、AJじゃないかというふうに、私は思うわけです。

門倉　なるほど。確かに明治以降の翻訳の日本語が、「対話の日本語」を形成しえなかったのでは、という指摘は重要ですね。西欧からさまざまな概念や形式を学んだわけですが、人と人が向き合って相互に相手に意見や感情をぶつけながら協調していくといった市民の基本姿勢が見逃されたという指摘でしょうね。

三宅　松本さんのようにアカデミックなものと市民の活動とを結びつけるような意思をきちんともった出版者の方がいると書くほうも心強いですよね。

門倉　さて、このままのノリで話し続けると盛り上がって夜中になりそうな勢いです。しかし、この辺で座談会をお開きにしなければと思いますので、簡単にまとめさせて下さい。

　座談会では、AJという留学生への日本語教育の場面からはじまって、日本人学生への日本語表現教育、さらには加藤哲夫さんが提起されている「市民の日本語」へと議論はすすんできました。それら3つの領域を通底するものとして、現代市民社会における「コミュニケーションのあり方」を根本から問い直す点があります。自律した市民として必須の「コミュニケーション能力」をいかに「ことばの教育」の中で養っていくのかが課題であるという問題意識こそが、共編者たちの「共通する視座」であるということが、長時間にわたる座談会の中で再確認できたのではないか、と思います。

　最後のほうで、「市民の日本語」というトピックに関して松本さんが「対話の日

本語」を志向する近年の動きについて報告してくださいました。AJ は確かにそうした社会の変化と連動するキーワードの1つなのだろうと思います。この点も含めて、この座談会では AJ の挑戦の意味を確認できたように思います。

（終了）

第Ⅱ部 日本語教育の現場から

　第Ⅱ部では、日本語教育におけるアカデミック・ジャパニーズの実践を、さまざまな立場と視点から紹介しています。日本語学校におけるアカデミック・ジャパニーズへの取り組み（嶋田和子）、大学の留学生に対する初年次教育としてのアカデミック・ジャパニーズ（堀井恵子）、論理的思考力と表現力育成を意識した大学留学生教育（山本富美子）、クリティカルな読みを志向するリーディング教育（二通信子）、そして日本人大学生のための初年次日本語表現教育のコース設計（大島弥生）と、「多様な実践を示す」ことを強く意識した内容です。なお、最後の大島論文は、日本語教師による日本人大学生への教育実践例という意味で、第Ⅲ部につながるものです。

日本語学校における
アカデミック・ジャパニーズ
予備教育の新たな取り組み

嶋田 和子

1. はじめに

　日本に来る留学生は国費と私費に分けられ、私費留学生に対する入学前日本語教育は、大学付属の日本語教育機関や民間の日本語教育機関等で実施されている。本章においては(財)日本語教育振興協会[1]が認定した日本語教育機関(以下、「日本語学校」と称する)における予備教育を取り上げることとする。日本語学校における進学者は卒業生の60％台という数字で推移していることを考えると、多様化が進む日本語学校において、予備教育は依然重要な教育テーマの1つであると言える[2]。本章では日本語学校におけるアカデミック・ジャパニーズ(以下、AJと略称する)の捉え方、現状での問題点について述べ、さらに初級レベルでのAJ教育の授業実践例を示したい。
　入学前の予備教育は、大学で学業や学園生活を送るに十分な日本語力を付けることを目的とするが、これまで大学受験のための傾向と対策になりがちであった。そのため、日本語でどのような課題が達成できるかという総合的なコミュニケーション能力の育成を目指してはいるものの、ともすれば日本語の知識の多寡を問うことになっていた。その原因の1つに、1984年から実施されている〈日本語能力試験〉[3]が大学入試に援用されていたことが挙

げられる。〈日本語能力試験〉は文字語彙・文法読解・聴解の3分野に分かれ、文字、語彙、文法等に関する知識そのものを問うといった面が強く、〈日本語能力試験〉1級の高得点者であっても、大学で求められる日本語力が十分でなく、入学後学業に支障を来たすケースが多々見られたのである。

しかし、2002年6月に始まった〈日本留学試験〉[4]は、「外国人留学生として日本の高等教育機関、特に大学学部に留学を希望する者が、日本の大学での勉学に対応できる日本語力（アカデミック・ジャパニーズ）をどの程度習得しているかをシングルスケールで測定すること」を目的としており、ここに大きな変革の波が起こったのである。これを契機に、日本語学校におけるアカデミック・ジャパニーズ教育への関心は高まり、コミュニケーション能力を重視した予備教育への新たな取り組みが始まった。

2. 日本語学習者の学習レベルとその内容

本書の読者層は、日本語教育関係者のみならず初等中等教育関係者、大学生、一般市民など広い読者層を想定している。そこで、論を進める前に、〈日本留学試験〉試行の20年近く前から広く利用されてきた〈日本語能力試験〉における日本語学習者の学習レベルの評価基準を表1として記載することとする。

3. アカデミック・ジャパニーズの捉え方

（財）日本語教育振興協会では、大学で求められる基礎日本語能力とは何かを調査研究し、必要とされる技能・能力を以下のようにまとめ上げた。

1. 基本的思考能力
2. 能力操作能力…課題分析能力、能力行使能力、モニター能力
3. 学業日本語運用能力…語彙的知識運用能力、文脈構成能力、

1級	高度の文法・漢字(2,000字程度)・語彙(10,000語程度)を習得し、社会生活をする上で必要な、総合的な日本語能力 (日本語を900時間程度学習したレベル)
2級	やや高度の文法・漢字(1,000字程度)・語彙(6,000語程度)を習得し、一般的なことがらについて、会話ができ、読み書きできる能力 (日本語を600時間程度学習し、中級日本語コースを修了したレベル)
3級	基礎的な文法・漢字(300字程度)・語彙(1,500語程度)を習得し、日常生活に役立つ会話ができ、簡単な文章が読み書きできる能力 (日本語を300時間程度学習し、初級日本語コースを修了したレベル)
4級	初歩的な文法・漢字(100字程度)・語彙(800語程度)を習得し、簡単な会話ができ平易な文、または短い文章が読み書きできる能力 (日本語を150時間程度学習し、初級日本語コース前半を修了したレベル)

表1 〈日本語能力試験〉における級と評価基準

　　　　　　　　　場面に応じた言語形式の使い分け能力
4. 自立能力…補い能力、学習ストラテジー能力、社会適応能力
5. 学園情報獲得能力…履修情報獲得能力、学業支援サービス情報獲得能力、学生生活情報獲得能力

「3.学業日本語運用能力」「4.自立能力」「5.学園情報獲得能力」の3つの能力は相関性を持って行使され、その行使を管理するものとして「2.能力操作能力」があり、さらにそういった営みの基盤に「1.基本的思考能力」があるとした。ここでは紙面の都合上、小項目は省略することとする[5]。これを契機に日本語学校では「総合的認知言語能力」という捉え方をするようになり、さらにAJを測定対象とする〈日本留学試験〉の開始によって、その傾向は強まっていったのである。

　門倉(2005)はAJ教育に関して、初等中等教育での総合的な学習がいう「問題発見解決学習」にその解決法が見出されるとしている。筆者も日本語学校におけるAJ教育においては、「問題発見解決能力」が重要であると考えて

いるが、さらにそれを支えるものとして「批判的思考能力」を挙げたい。また実際の場面では他者との関わりの中で営みが行われるのであり、「人間関係構築能力」「自己表現能力」の育成も重要であると考える。

日本語学校における授業実践を見ると、AJ 教育は上級になってからでよいとし、初級ではともすると「文型積み上げ方式」による文法・語彙教育が行われがちである。もちろん基本的な知識を積み上げていくことは重要であり、基本的な知識なくして総合的学習が成り立つわけではない。しかし、より重要なことは知識の多寡ではなく、日本語を使って何が出来るのかということである。総合的認知言語能力の育成という観点を持つ AJ 教育を、日本語学習を始める初級の段階から実施することが求められる。

また、ここでいう AJ 教育とは、大学進学者だけを対象とするのではなく、学習目的は何であれ広く学習者に求められるものである。語彙や場面に関しては大学進学者、ビジネスマンなど学習目的によって変わってくるであろうが、コアになる基本的日本語力はどの学習者にも共通に求められる。

4. 教育実践における留意点

日本語学校において AJ 教育をどう捉えればよいかについて考察を進めた。次に、日本語学校で実際に行われている授業活動における問題点を考えながら、今後 AJ 教育に求められるものについて述べることとする。

4.1 予測・推測能力

読解授業を取り上げてみると、語彙・文型が先に与えられたのち本文の読解に入るというパターンが多く見られる。これでは単なる既習の語彙・文型の確認にすぎず、予測・推測能力の育成は難しい。語彙力とは言葉をどれだけ知っているかという知識の多寡が問題なのではない。与えられた文脈の中で意味が類推できる能力の重要性を忘れてはならない。特に初級においては、殆ど既習の語彙や文型で構成された文章を読解教材として与えられるこ

とが多い。事前に文型・語彙が与えられ、本文を読んだあとの質問が、本文の内容をただ確認するためだけのものでは主体的な読みは難しい。聴解授業においても既習語彙・文型を使っての文型練習のような聴解ドリルが見られるが、AJ 教育という観点から予測能力・推測能力を育成できるような授業展開の重要性を強調したい。

4.2　スキャニング・スキミング

　読解授業においては、これまで精読中心であり速読は軽視されがちであった。もちろん大学での勉学において参考図書や文献を読み込む力が重要であることは言うまでもない。しかし、素早く読んで必要な情報を読み取る力が求められる場面は講義、キャンパス、日常生活等さまざまな場面で見られる。与えられた視覚情報を素早く読み取る能力の育成には、スキャニング（情報取り）、スキミング（大意取り）が不可欠であると言える。〈日本留学試験〉では聴読解という新しい形式の試験が実施され、視覚情報と聴覚情報の並行処理が要求され、スキャニング能力が重要なカギとなっている。〈日本留学試験〉の波及効果から日本語学校ではスキャニング・スキミングに目が向けられるようになったものの、まだ十分とは言えない。こういった能力の育成は初級レベルから考慮すべきであり、さまざまなリソースを活用した授業を実施するなど積極的な取り組みが求められる。

4.3　批判的思考能力

　日本語学校ではこれまで批判的思考に関してあまり議論されてこなかった。しかし、〈日本留学試験〉の開始により、AJ 教育を軸に批判的思考への関心が高まりつつある。AJ に求められるものは、幅広い視野から柔軟かつ総合的な判断を下す力であると言える。その根底に基本的な知識が求められることは言うまでもない。批判的に思考するということは、自分で問いを立て、その答えを探求する「問題発見解決」のプロセスそのものであると言える。それは、論理力、分析力、判断力等の基本的思考能力によって支えられ、

その育成には批判的思考能力が不可欠なものと言える。

しかし実際に行われている授業実践を見ると、例えば初級授業において家族団らんの写真を提示し「呼称の確認／どこにいるか／何をしているか」といった語彙・文型の導入・定着のための授業展開が見られることが多い。初級レベルであっても価値観、物の考え方、意味など「文化の視点」に基づいて批判的に写真を見、自分自身の考えを表現していくことが重要である。「なぜ父親が新聞を読み、母親だけが働いているのか」「なぜ子供は手伝おうとしないのか」といったことから、自国との比較が出来、話が発展していく。

4.4 作文教育

初級作文では表現教育という観点が薄く、既習語彙や文型の復習のようなケースが多い。たとえば「家から学校まで」という作文テーマに対して、初級レベルではただ見えるものを書くに留まってはいないだろうか。事実をただ記述するのではなく、自分自身の思考や分析を取り混ぜて述べることが重要で、その際に事実と意見等を意識的に区別して書くことを忘れてはならない。例えば、「細い道がたくさんあります。土地が狭いですが、日本人はじょうずに土地を使っています。私はとてもいいと思います。」という作文に出会いたいものである。〈日本留学試験〉が記述問題を導入したことによって、現場では書く教育にも力を入れ始めた。論拠をあげて自分の意見を表明するといったことも、初級段階から積極的に実施されるようになり、「論理的な文章は上級になってから」という考えも薄れつつある。日本語では日常語彙と抽象語彙との違いは大きく、抽象語彙は漢語に多いという特徴はあるが、初級の簡単な語彙・文型を使っても論理的な展開は可能である。例えば「人が大勢いる所でタバコを吸ってもいいか悪いか」という二項対立の問いに初級語彙でも論理展開をし、日本語で言い表すことが出来る。

4.5 「伝え合う」という視点

学習者は教室においてさまざまな活動をし、そこでは「学習者自身のこと

ば、すなわち自分の立場の説明が示され、それが他者を納得させることばとしての論理性・一貫性を有しているかが問われる。」と細川（2005）は述べ、さらにそのためには、自己把握＝内省・振り返り・確認、他者提示＝対話・発表・報告、相互承認＝評価・振り返り・検証の重要性について言及している。日本語学校における予備教育では、自己を表現するための教育という考え方が希薄であるという問題点は、上述したとおりである。読むという行為も、テキストを通して筆者と対峙することが重要であり、他者との関わりを通した自己表現の場だと考えられる。予備教育での授業はともすると文型積み上げ方式、知識偏重になりがちである。しかし、授業は日本語を使い自己表現をするための場であり、それは他者と共有し伝え合うという行為によって意味を持つのだという視点を忘れてはならない。

5. AJ教育の実践例
― 初級の「読解文」を軸とした総合的な授業展開

次に、初級クラスにおける授業実践を考えてみることとする。以下の文章は、『初級日本語』の読解文「海洋開発」である。これを使ってどのような教育実践が考えられるであろうか？この課で学んだ受け身表現や「～てくる」などの文型の定着を図ることを目的とした授業、あるいは精読教材として使用した授業展開が最も一般的であろう。しかし、ここでは単なる読解教材として考えるのではなく、多角的な取り組みをベースにした総合的な学習を考えてみたい。

人間は陸（りく）の上だけで生活してきた。そして、陸（りく）よりずっと広い海は、魚を取ったり、しおを作ったりするぐらいで、あまり利用しなかった。しかし、人間がどんどん増えて、住む所はせまくなった。それに、食べ物を作る農地も足りなくなってきた。石油や石炭（せきたん）も、いつかなくなると言われている。これからは人間の将来のために、この海を開発していかなければならない。

> 　海の広さは陸の3ばいぐらいである。だから、その下にある石油や石炭や金やウラニウムなども、陸にある物の3ばいぐらいあるとかんがえられている。それに、魚や海草も、私たちの大切な食べ物になっている。それで、宇宙開発と同じように、海洋開発も大切になってきたのである。
> 　しかし、ふかい海の中で働くのは、月の上で働くのと同じように大変である。月の上を歩ける宇宙服はできたが、ふかい海の中を歩ける服はまだできていない。また、月の表面は望遠鏡で見えるが、ふかい海中は見えないので、中がどうなっているのか、くわしいことは、まだよくわかっていない。
> 　しかし、宇宙開発に使うのと同じぐらいのお金を使って海洋開発をすれば、できるだろう。人間の将来のために、海洋開発は、やらなければならないのである。
> 　遠い昔、人間は海の中にいた動物から進化したと言われている。人間が将来、また海の中で生活するようになるかもしれないということは、おもしろいことである。
>
> 　　　　　　　　　　　　　　(24〜25か)『初級日本語』275-276ページ

　教科書では本文のあと、1.海の広さは陸の何倍ですか、2.なぜ海洋開発をしなければならないのですか、3.なぜ海洋開発はむずかしいのですか、といった3つの質問が続く。しかし、これだけでは主体的な読みになっておらず、ただ書いてあるところを探し出すための作業でしかない。そこで、ここでは読解教材をただ読むための教材として捉えるのではなく、総合的な授業展開を目指し、次のような授業例を提示したい。

【授業展開】

① 「これからは」のあと、どう展開するかを書く。文章を推測・予測して読むことの重要性を学ぶ。

> 　人間は陸の上だけで生活してきた。そして、陸よりずっと広い海は、魚を取ったり、しおを作ったりするぐらいで、あまり利用しなかった。しかし、人間がどんどん増えて、住む所はせまくなった。それに、食べ物を作る農地も足りなくなってきた。石油や石炭も、いつかなくなると言われている。これからは

②グループを作り、書いた人が自分の文章を読み上げる（他のメンバーはコピーを見ながら聞く）。その後お互いに意見交換をする。ここでは、意見交換をする中で、他者との視点の違いに気付き、自分自身の考えを再構築する。
③教科書の読解文を読み、自分が書いた意見文と比較してみる。筆者と対峙した読みが出来るようにし、筆者との文章展開の相違点を考える。
④**筆者の考えについてどう思うか**、グループで話し合いをする。②のグループ討議よりさらに踏み込んだ話し合いをめざす。同じ文章を読んでも捉え方が違うことを知る。
⑤**自分の育った町や暮らしを考えながら、「開発」そのものについてクラス全体で話し合う。**さまざまな国から来た留学生達の話し合いは、異質なものとの触れ合いであり、新たな発想の宝庫でもある。

＜例＞

台湾：　　　そんな自然がだめになることはよくないです。
韓国：　　　私もそう思います。日本の「ワルハシ（割り箸）」はおかしいです。木もどんどん少なくなるし…。
モンゴル：でも、開発はとても大切です。私のところには道もちゃんとありません。家族で町へ買い物に行きますが、それは車で行きます。でも、帰る時雨が降ったら、町から帰れません。ほんとに開発がほしいです。

⑥「開発」に賛成か反対か二項対立の意見文を書く。〈日本留学試験〉では、どちらかの立場に立って、論拠をあげ意見を述べるという記述問題が出題される。中上級になってから試験対策として実施するのではなく、初級の段階から習い覚えた語彙・文型で自分自身の意見を書くという練習をしておくことが肝要である。
⑦地域交流館での活動グループに参加する。そこで、日本人に「生活様式の変化」「町の移り変わり」等について聞いてみる。まだ初級段階の学習者ではあるが、言いたいこと・聞きたいことがあれば、既習の語彙・文型を

駆使し、辞書を使いながらコミュニケーションをすることが出来る。こういったコミュニティーとの繋がりの中での学習に落とすことは、留学生にとって重要なことである。また、多文化共生社会をめざす地域住民や地域の教育機関にとっても意義深い活動であると言える。筆者が勤務する日本語学校でも、地域社会で暮らす幼児からお年寄りまで幅広い人々との交流を基にした授業を積極的に取り入れている。

米国では教育全体の質の向上を図るべく、1993年連邦教育省より助成金が支給され、ACTFL（American Council on the Teaching of Foreign Languages）を中心に外国語の全国標準作りが開始された。1996年にはNational Standardsが発表され、[5 Goal Areas]が提示された[6]。5つのゴールは別個に達成されるものではなく、有機的に関係を持ちながら調和のとれた外国語教育を実践することによって達成できるものとされている。日本語学校においてAJ教育を行う際には、こうした5Cの考え方を軸にして展開することが重要である。それぞれのゴールを重視すること、さらには全体として5つのゴールが有機的に関連した教育実践を行うことが望まれる。また、このような考え方は、日本の初等中等教育において総合的学習を実施する際にも重要であると考える。

Communications （言語伝達・意志疎通）
Cultures （文化）
Connections （連携）
Comparisons （比較対照）
Communities （地域・グローバル社会）

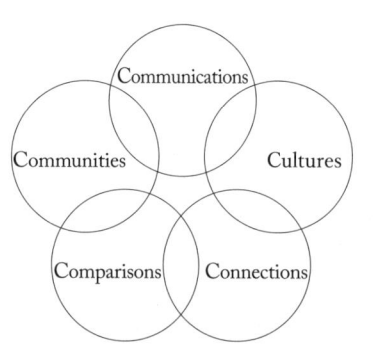

6. まとめと今後の課題

〈日本留学試験〉の実施以来、予備教育における AJ 教育に関する議論は、さまざまな形で展開されてきている。〈日本語能力試験〉が援用されていた頃とは異なり、単なる「試験の傾向と対策」的な授業実践は改められ、総合的認知言語活動という視点で捉えられるようになってきた。断片的な知識ではなく、日本語の運用能力の育成をめざし始めたのである。すなわち論理的思考、批判的思考、判断力、分析力を基盤として、日本語を使って問題を発見し解決することができる能力、そして自分の考えを表現し、他者とコミュニケーションする能力の育成が肝要であると言える。そのためにはいかなる授業実践が考えられるのか、さまざまなネットワークを活用しながら、さらに研究を進めていきたいと考える。

送り出し側の日本語学校と受入れ側の大学との連携が重要であることは言うまでもない。しかし、日本語学校における AJ 教育を大学との関係においてのみ捉えるのではなく、高校における AJ、さらには初等中等教育における「総合学習」との絡みで考察することが重要である。今後多角的多面的に物事を捉えながら、さまざまな連携を進める中で、より豊かで実りの多い AJ 教育が実施できるものと考える。

注

1. 日本語学校の認可・審査の実施および教育の質の向上を目的として 1989 年に設立された。毎年「日本語教育機関実態調査」結果報告を発表している。
2. 2004 年度進学者数は 19,649 人であり、卒業生の 67.1% となっている。
3. 日本語を母語としない人を対象に、その日本語能力を測定し認定することを目的として実施されている。
4. 「日本留学のための新たな試験」調査研究協力者会議 (2000)『日本留学のための新たな試験について―渡日前入学許可の実現に向けて―』
5. 基礎日本語教育研究プロジェクト (2000)『日本語学校生 (就・留学生) のための基礎日

本語能力』(財)日本語教育振興協会
6. 教育・学習の達成目標を明確化し、運用は柔軟なものとなっている。標準の内容は、基本原理、序言、ゴール領域と標準、学習目標サンプル、学習シナリオサンプルからなる。

参考文献

細川英雄 2005「実践研究の設計と方法」『日本語学』, 24, 76-88. 明治書院

門倉正美 2005「教養教育としてのアカデミック・ジャパニーズ」『月刊言語』, 34(6), 58-65. 大修館書店

National Standards Collaborative Project 1996 *Standards for Foreign Language Learning: Preparing for the 21st Century*. Allen Press.

嶋田和子 2003「課題達成能力の育成をめざした日本語教育振興協会における研究活動―日本留学試験に対応した新たな取り組み」門倉正美代表『日本留学試験とアカデミック・ジャパニーズ』平成14年度～16年度科学研究費補助金(基盤研究(A)(1)一般)研究成果中間報告書　pp.17-30h

嶋田和子 2005「予備教育におけるアカデミック・ジャパニーズに関する一考察」門倉正美代表『日本留学試験とアカデミック・ジャパニーズ(2)』平成14年度～16年度科学研究費補助金(基盤研究(A)(1)一般)研究成果報告書　pp.79-92

嶋田和子 2005「日本留学試験に対応した日本語学校の新たな取り組み―課題達成能力の育成をめざした教育実践」『日本語教育』, 126, 45-54. 日本語教育学会

嶋田和子 2005「日本語学校におけるアカデミック・ジャパニーズ教育」『アカデミック・ジャパニーズをデザインする』日本語教育学会秋季大会予稿集　pp.251-254

東京外国語大学留学生センター 1994『初級日本語』凡人社

留学生初年次(日本語)教育を
デザインする

堀井　惠子

1. はじめに

　昭和58(1983)年に始まった留学生10万人計画は平成15(2003)年に達成され、平成17(2005)年5月1日現在の留学生数は121,812人となり、日本の留学生政策は量から質への転換が求められるようになった。一方、平成14(2002)年より「日本留学試験」が実施されるようになったが、TOEFL日本語版ともいえるその「日本語」試験の目的に「日本の大学などでの勉学に対応できる日本語力(アカデミック・ジャパニーズ)を測定する[1]」と、はじめて「アカデミック・ジャパニーズ」という言葉が使われ、その後、「アカデミック・ジャパニーズ(以下AJとする)とは何か」が議論され、留学生教育の質の向上にもつながるべくAJの教育方法が研究されるようになった。

　堀井(2003)では、留学生が充実した大学生活を送るためには、日本語学校や大学の留学生別科・留学生(日本語教育)センターなどにおける予備教育段階でAJ前半教育を行い、入学後の学部の日本語教育[2]で、並行して行われる大学の他の授業などにスムーズについていけることを目的とするAJ後半教育を行うよう連携を図ることを提案したが、その後、AJ教育の方法を探りながら学部の日本語・日本事情科目の授業を積み重ねる中で、学部留

学生の初年次日本語教育の必要性を感じ、その実践を試みるようになった。

　本章では、まず、学部留学生への日本語教育における AJ の捉え方について述べ、学部日本語教育の現状に触れてから、学部留学生に対する初年次日本語教育の実施を提案、その授業実践での工夫の一部を紹介したい。

2．学部留学生への日本語教育における AJ の捉え方

　日本の大学での勉学に対応できる日本語力：AJ とは、具体的には、日本語による講義を聞き取り理解する力、大量のテキストや資料や参考文献などの読解力、レポート・論文や発表のための情報収集力、レポート・論文を書く力、発表をする力、学内でコミュニケーションをとり人間関係を作る会話力などであるが、これは、知識や形式的なスキルだけでは得られない、総合的に「学び」につながる力であると捉えたい。

　堀井(2003)では、留学生に対する AJ 教育の内容を明確にするために、以下の図1のように、日本の生活に必要なライフ・ジャパニーズ(LJ)や授業関係以外の大学生活に必要なキャンパス・ジャパニーズ(CJ)を AJ と分けて考えた。これは、いわゆる日本語能力の初級・中級・上級とは別立てと考える。さらに、大学における本質的な「学び」につなげるために、AJ の構成要素を知識・スキル・問題発見解決能力とし、問題発見解決能力をその中心に据えた。

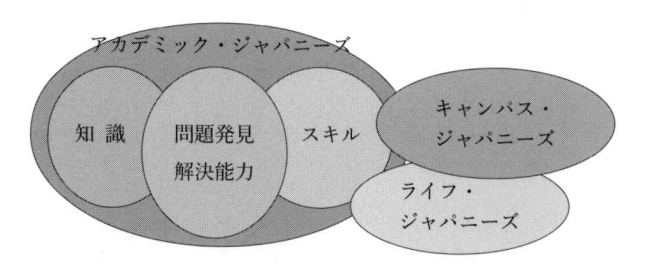

図1　アカデミック・ジャパニーズの構成要素

そして、日本語による知識とスキルを使いながら、問題発見解決のプロセスの枠組みで総合的・体験的に学習を積み重ねることによって、アイデンティティや生きる力にもつながる AJ 力が育成され、本質的な学びを得ることができると考えた。

今まで、日本語教育の中では、語彙・文法などの知識やスキルの教育が中心で、問題発見解決能力の育成までは注目されてこなかったが、何のために言葉を使うのか、何のために大学で学ぶのかを考えると、日本語を使っていかに問題を発見するか、いかにその問題を考えていくか、いかに批判的に捉えていくか、そして、いかに自分が考えたことを伝えていくかを中心に据えるトレーニングを意識的に授業の中に織り込んでいくことが大切ではないかと考える。

一方、大学における問題発見解決をスムーズに進めるためには、基礎知識はもちろんだが、日本語によるスタディ・スキルが必要となる。発見の機会ともなる講義をきちんと聴きとったり、大量のテキスト・文献を読み、情報収集をするためには、ノートテイク、スキミング・スキャニングのスキルが必要であり、また、自分の考えたことを他とインターアクションしたり、伝えたりするプレゼンテーション・スキルやアカデミック・ライティングなどを身につけることも必要である。今までの日本語教育は４技能別のスキル教育を主に扱い、スタディ・スキルについてはあまり丁寧には扱ってこなかった。しかし、AJ においては積極的にスタディ・スキルを身につけさせるトレーニングも授業に盛り込んでいく必要がある。

2005 年 10 月にホームページなどの検索で 30 校の大学学部の日本語教育シラバスを調査した。さまざまな形態が見られたが、現状ではおおまかに、「４技能別の上級日本語」と「専門教育への橋渡しを中心にしたもの」に分けられた。AJ の１つであるアカデミック・ライティングに関してはどちらかに含める形での記述がかなり見られたが、スタディ・スキルについてや問題発見解決能力育成も含めた AJ 教育を明示しているものはほとんどないという結果であった。

門倉 (2003) は、AJ は高校までの「受身」の学習から「能動的な」学習への転換期教育であると述べているが、学部での日本語教育の中心は、大学「専門」教育への橋渡しである前に、まずは、大学教育への橋渡しである「学び」につながる能動的な転換期教育という意味での AJ と考えたい。その意味では学部留学生への日本語教育における AJ については、まだ十分に定着がなされていないといえるのではないだろうか。

3. 学部留学生に対する初年次（日本語）教育

かねて留学生から、日本語学校や自国の授業と日本の大学の授業とのギャップが大きいことを聞いていた。留学生に対しては、年度始めのオリエンテーションもあるが、日本語科目の中でも持続的に丁寧に導入教育をしていくこと、また、初年次に AJ のコンセプトを伝えることはその後の学習効果を高めることにつながる。

また、変わりつつはあるが、現在の日本の大学の授業の特徴として、

①講義形式、また、一方向的授業が多い。授業中、学生からの発信（質問）があまりない。

②文系の場合、課題はあまりない。

ということがあげられているが、「日本語による問題発見解決」の仕方と留学生の母語のそれとの違いがあることも考えられる。

以上から、学部留学生[3]が入学後、日本の大学の授業などによりスムーズに入り、本来の目的を達成するための AJ 力を身につけるために、日本のアカデミック・スタイルにあったスタディ・スキルと問題発見解決能力の育成を目指した教育が、縦断的に、しかし、特に初年次に継続的に必要だと考え、試行を始めた。

4. 学部留学生に対する初年次（日本語）教育授業実践の試みから

まず、表1のAJスタディスキル・シラバスを作成し、これをもとに、留学生が大学入学後すぐに、必要となる、または、身に付けておくべき項目からなる表2のAJタスク・シラバスをデザイン、毎回のテーマ（タイトルは親しみやすいものとしている）に沿って、総合的・体験的なタスク作業を中心とした授業を前期日本語科目の1つで実践している。

アカデミック・ジャパニーズ	講義	授業前	予習：（課題）図書を読む（スキミング・スキャニング、速読）など
		授業中	聴く（聴解）
			ノートテイク
			板書読み・資料読み（聴読解）
			質問に答える、質問をする
		授業後	復習：わからなかった点を調べる
			課題（宿題）遂行
	ゼミ	授業前	情報収集（図書館・コンピュータ利用）
			レジュメ・スクリプトづくり
		授業中	他の発表を聞く：質問力、コメント力
			発表（プレゼン）をする：質問、ディスカッションを仕切る
		授業後	レポートにまとめる
	*実験		実験をする
	試験	試験前	情報収集（試験時間、場所、条件、内容など）、まとめ学習
		試験中	問題に答える
		試験後	評価チェック
	レポート・卒業論文	提出前	情報収集（テーマ、字数、用紙、提出方法などの形式など）
		提出	アカデミック・ライティング
キャンパス・J	教務課関係		履修要綱の理解・登録など
	学生課関係		掲示板（休講、諸連絡、呼出、行事）読み取り 諸手続き（奨学金応募、入国管理関係、長期欠席、休学など）遂行
	教員と	面談など	アポイント取り、質問、伝達、お礼など
	職員と		問い合わせなど
	学生と		授業などについてのやりとりなど
	サークル活動		先輩後輩関係語
ライフ・J	友人などと		ため語
	アルバイト先		敬語、業務遂行
	地域社会		公共施設（役所、駅、病院など）利用、買い物、近所づきあいなど

*実験については筆者の対象留学生は行っていないので項目をあげるのみとしている。

表1　AJスタディスキル・シラバス

タスク作業では問題発見解決能力の育成を目標として、どの回も以下の枠組みを用いている。

リソース ⇒ タスク提示 ⇒ 話し合い ⇒ まとめ・成果物
（発見）　（考える）　（インターアクション）　（解決）

たとえば、最初のタスク・テーマは「MY時間割作り」であるが、新入生にとってはまず一番に必要な、しかし、日本語能力試験1級でかなりよい点をとっている留学生でも「難しい」という履修登録に挑戦。すでに、オリエンテーションなどで履修方法の概略は聞いているはずなので、実際の作業に入る。リソースとしてはこの時期の学生なら常に持っている履修要覧、履修要項（シラバス）、学生手帳を使い、「留学生のみ対象の授業科目」など注意の必要な点のフォローをし、大学生活において必要な語彙や漢字の「読み方」のポイントもあげながら、要覧・シラバス・手帳などの「必要な情報」のスキミング・スキャニングをタスクシートを使って練習する。ここでの最終タスクは「MY時間割作り」なので、グループワークで「時間割作りのポイントは何か」を考え話し合う中で、それぞれが大学生活で何が必要かに気づき、また、自分は大学で何がしたいかが選択科目を決めていく鍵であることに気づいていくよう促す。前年度の先輩の作った時間割も紹介するが、昨今はカリキュラムの変更が多く、教員としてカリキュラムを熟知していないと間違った情報を与えてしまうこともあるので注意が必要である。各自MY時間割を作ってみたら、ペアで相互チェック。相手の時間割を「なぜそうしたのか」理由を聞きながら鋭くチェックする。完成したMY時間割は「大学で自分のしたいこと」リストつきで提出…これは、次年度新入生の参考にもなるし、当の留学生のポートフォリオの1番目の成果物として、その後の学習計画の資料にもなる。

　この1回目の授業では、これからの大学生活のさまざまなことに対して「気づく、考える、インターアクションする、まとめる」という問題発見解

留学生初年次(日本語)教育をデザインする　73

	テーマ・タスク	目的・内容	当日までの課題
1	MY時間割作り	大学生活において必要な基礎語彙の習得、履修システムの理解	履修要覧、シラバス、学生手帳を読んで持参
2	一度で覚えてもらう自己紹介 日本人の友達作り	名前覚えゲーム 留学生応援団(日本人サポーター)とのお見合い(ペアリング)	自己紹介原稿
3	授業理解の「虎の巻」	授業理解ストラテジーを知る	授業理解のために工夫していることリスト
4	読みたい本を借りてくる図書館体験	図書館利用のシステムを理解する	読みたい本リスト
5	書き言葉と話し言葉の違い完全理解	実際に書いた文を主に書き言葉の視点から改善する	作文:大学生活でびっくりしたこと *日本人サポーターによるコメント入り
6	感じのいい問い合わせ	学生課・教務課・その他の場面における感じのいいコミュニケーションを考える	問い合わせで困った場面リスト
7	Aがもらえるレポート紹介	アカデミック・ライティングの基礎・インターネット利用の注意点を理解する	レポート原稿、レポートについてのわからないことリスト
8	みんなに聞いてもらえるプレゼン紹介	プレゼンテーションの基礎を理解するプレゼンテーションを行う	プレゼン原稿、プレゼンについてのわからないことリスト
9	試験で70点以上とる方法	「先輩の試験失敗談」紹介、試験についての情報収集の仕方を知る	自分の受ける試験リスト、試験についての心配なことリスト
10	スピーチコンテストで優勝しよう	実際のコンテストを目標にたくさんの人に伝わる話とはどんなものかを考える、スピーチを行う	スピーチ原稿
11	幹事はあなた!安くておいしくて楽しいクラス懇親会の企画	懇親会の企画と実行のポイントを理解する、今までの例紹介	候補のお店と企画リスト *選んだ理由つき
12	リーダーはあなた!お客さんを集められる学園祭参加	学園祭の企画と実行のポイントを理解する、前年度の例紹介	学園祭企画書
13	トラブル・お悩み一気に解決	大学内で起こりうるトラブルについて考える	大学内でのトラブル・お悩み紹介文
14	まとめ		

*毎回必要なロールプレイなどを入れる。また、毎回のタスク結果はポートフォリオに入れる。
*授業時間は1つのテーマで2コマ、余裕がなければ1コマで行う。

表2　AJタスク・シラバス

決の枠組みで「なぜ」を問いながらテーマを深め、自律的に解決していくことが大切であることを明示的にも伝えている。

　もう1つタスク作業内容を紹介してみよう。
　3回目の授業のテーマは、「授業理解虎の巻」。授業理解の難しさにめげそうになる留学生が出てくるころあいを見計らってのテーマとなるが、手順は以下の通りである。

1) 前の週に留学生各自に①わかりにくい授業を具体的にあげ、その理由を考える、②授業理解のために工夫していることをまとめる、という2つの課題を与えておく。
2) 授業ではまず、課題①をリソースに、グループで、なぜわかりにくいのかを詳しく話し合う。教員の悪口が出てくることもあるがそこはフォロー。よく聞いてみると誤解をしている場合もある。
3) 教員側の問題（日本人学生は理解しているかというチェックも必要）と自分（留学生）側の問題の2つに分類し、それぞれの対策、解決策をできるだけあげていく。
4) 自分側の問題については、課題②をリソースに、それぞれの工夫を話し合う。涙ぐましいくらい努力をしている留学生も多いので、それぞれの体験がお互いの参考となり、さらに良い案が出てくる場合もある。
5) ここで、前年度の留学生の作った「虎の巻」を紹介する。
6) 授業内で気づいたことをもとに、来年度の留学生のための「虎の巻」を提出することが最終タスクとなる。図2は2005年度の留学生の1人が作ったものである。

　この回の授業では、教員への感じのよい質問の仕方や、日本人学生にノートを借りる依頼の仕方など、必要に応じたロールプレイ練習もしている。また、全体的に日本語力の不足している留学生や、学習の仕方がわからない留

留学生初年次（日本語）教育をデザインする　75

> **授業理解の「虎の巻」　2005年版**
> ＊3ヶ月くらいで必ず授業がわかるようになるので安心すべし…
>
> 1．わからなかったことは後で必ず聞く。
>   ＊クラスに友達を作る（留学生応援団員利用、またはよくできる留学生の隣に座る）。
>   ＊ノートを借りる。＊アルバイト先の日本人に聞く。
> 2．電子辞書は体の一部、すぐ調べる。
>   ＊調べた単語や漢字は家に帰ってからもう一度チェックして覚えるようにする。
> 3．予習・復習を必ずする。
> 4．遅刻・欠席をしない。できるだけ前に座る←よく聞こえる、先生に質問しやすい。
>   ＊アルバイトをしているので眠くなるが、眠ったらだめだと自分に言う。
> 5．録音して後で何回も聞く（先生の許可を得ること）。
>   ＊学校の行きかえり、寝るときも聴いている。
> 6．ヒアリング力をつけるため、ニュースやドラマを見てわからない言葉は調べる。
>   ＊インターネットのニュースをダウンロードして聞いて同じように話す練習をした。わからないときはすぐ確認できるので、能率的だった。
>   ＊電車の中の周りの人の会話をよく聞いて、知らなかった表現を覚える。
> 7．できるだけ図書館で勉強する。本をたくさん読む。
> 8．文学だったら、母語に訳されたものを先に読む。周辺の背景などを調べて読む。
> 9．授業内容のキーワードを探すようにする。
> 10．勉強が上手な人になるには方法が大切だ。自分にあった方法を考える。

図2　授業理解の「虎の巻」　2005年版

学生には、日本人サポーター（留学生応援団[4]）を紹介したり、学習カウンセリング[5]を受けることを勧めたり、参考書を勧めたりもする。

　大学生活からドロップアウトしそうな学生が最初に出そうなこの時期にクラス全体で授業理解について話し合うことによって、「授業について悩んでいるのは自分だけでないことがわかってとても安心した」といった感想も出てくる。

　そのほかのテーマは、定期試験を受けたり、レポートを書いたり、発表をするために必要なこと、スピーチコンテストやクラスコンパ、学園祭などのイベントにうまく参加するためのポイントなどさまざまであるが、毎回、問題発見解決の枠組みの中のタスク作業で掘り下げていくことによって、留学生は初年次に必要なスタディ・スキルやストラテジーに気づき、それらを身

につけていくこととなる。そして、他の日本語科目（口頭表現、文書表現、総合）や日本事情科目で、さらに深く AJ 力をつけていくよう、連携をとったカリキュラムを組んでいる。

　たとえば、日本事情科目は、日本人大学生（主に 2 年生以上の日本語教員養成課程履修生）との共習であるが、VTR 等をリソースとしてグループディスカッション⇒個人のまとめ提出という形態のタスク作業と、グループ発表を行っている。後者では発表後の質疑の仕切り力や質問力、コメント力のレベルアップに特に力を注いでいるが、コメントしあうことでクラスの発表レベルがどんどん上がっていく。よい発表に必要な条件である、テーマが絞り込んである、データの根拠がしっかりしている、論理的展開があるといったことや、プレゼン・スキルである時間配分、段取りなどに、各自が体験的に気づいて発表に取り入れていくからである。

　この授業では、留学生はわからない日本語や文化的なことがらがあったときに、日本人学生にすぐに聞け、日本人学生も「生」の留学生情報（留学生の母国の情報も含め）を知ることができるという言語上、異文化コミュニケーション上のメリットがあることも履修者の授業評価記述から認められる。

　獲得しはじめた日本語によるスタディ・スキルと問題発見解決能力によって、能動性と自律的学習方法を身につけることで、その後の大学生活の中で、教養教育や専門基礎教育を学び、卒業論文をまとめ、社会人・職業人へと旅立っていくことがスムーズにできれるようになれば、留学生に対する大学教育の使命は果たせたといえるのではないだろうか。

5. おわりに

　山本（2004）は AJ の定義を「大学、大学院などでの学術分野のみならず、卒業後の職業生活や社会生活で営まれる知的活動を通して使用される高度な日本語」として、そのために必要な論理的・分析的・批判的思考法は「高校ま

でに育てるのは難しい」と述べている。

　グローバル化が進む中、日本語の汎用性はさておき、今後は、日本の大学教育の質がますます問われていくだろう。教員には豊富な知識を伝えるだけでなく、「学び」のための環境設定力が今まで以上に必要とされてくるであろう。その意味では、AJ 研究からの示唆が学部の留学生教育の充実に生かされていくのではないだろうか。

　今後の当面の課題は、上記初年次教育実践の改善を続けることと、留学生に対する AJ 教育を縦断的に大学の他の授業やゼミ、卒論科目につなげていく方法の構築、さらに、留学生が卒業後社会人となって日本語を使って仕事をしていく出口を想定した「AJ をベースにしたビジネス・ジャパニーズ教育」の開発と考えている。

注

1. 『日本留学のための新たな試験について―渡航前入学許可の実現に向けて―』(「日本留学のための新たな試験」調査研究協力者会議 2001) 参照。
2. 日本の大学には欧米の大学のようなランゲージセンター・システムがないこともあり、学部に留学生のための日本語・日本事情科目がおかれていることが多い。
3. ここで言う留学生とは大学で 4 年間学び学士を得る正規留学生のことで、交換留学や協定留学などの短期留学生は含まない。
4. 武蔵野大学における留学生サポーター制度の名称。
5. 堀井惠子(2003)「学部留学生における学習カウンセリングの意義と課題：その 2」日本語教育学会秋季大会予稿集参照。

参考文献

門倉正美 2003「アデミック・ジャパニーズとは何か」門倉正美代表『日本留学試験とアカデミック・ジャパニーズ』平成 14 〜 16 年度科学研究費補助金(基盤研究(A)(1)一般)研究成果中間報告書

堀井惠子 2003「留学生が大学入学時に必要な日本語力は何か―「アカデミック・ジャパ

ニーズ」と「日本留学試験」の「日本語試験」を整理する」門倉正美代表『日本留学試験とアカデミック・ジャパニーズ』平成14～16年度科学研究費補助金（基盤研究（A）(1)一般）研究成果中間報告書

堀井恵子 2005「日本留学試験の「日本語」シラバスを再考する─「アカデミック・ジャパニーズ」という概念を教育に埋め込む試みから」門倉正美代表『日本留学試験とアカデミック・ジャパニーズ(2)』平成14～16年度科学研究費補助金（基盤研究（A）(1)一般）研究成果報告書

山本富美子 2004「アカデミック・ジャパニーズに求められる能力とは─論理的、分析的・批判的思考法と語彙知識をめぐって─」東京外国語大学留学生日本語教育センター移転記念シンポジウム資料

タスク・シラバスによる論理的思考力と表現力の養成

山本　富美子

1. はじめに

「アカデミック・ジャパニーズ」という用語は、大学学部留学希望者を対象とした「日本留学試験」の開発に伴い、「日本の大学での勉学に対応できる日本語力」を測定するために用いられるようになった。しかし、日本留学試験が測定対象とする日本語力は、「アカデミック・ジャパニーズ」が本来有する広範な言語行動領域のうちのごく一部分にすぎない[1]。そのため、日本留学試験開始以来、その試験内容をめぐってさまざまな機関で日本語教育に携わる教員の間に大きな波紋をもたらした。

大学入学前の日本語予備教育と、入学後の学部日本語教育との間では、「アカデミック・ジャパニーズ」の教育内容に大きなずれがある。また、大学院入学前の日本語予備教育と、大学院入学後の日本語補習教育との間でも大きく異なる。これはある意味で当然である。それぞれの対象とする日本語学習者の日本語能力と当面のニーズがまったく違うからである。

大学学部の日本語教育では、日本留学試験の調査研究協力者会議（2000）による概念図[1]でいえば、左側下方部分、すなわち学術研究の「学習活動」と「研究活動」のスキルに焦点があるため、同試験が測定対象とする日本語力だけでは十分でないと感じてしまう。

では、「学習・研究活動」のスキルとは何か。大学の講義・文献理解、レポート作成に求められる聴解力、読解力、文章表現力は、大学入学後、すぐに必要とされる。そして、それは、その後に続く専門ゼミでの発表、卒論作成のための文章・口頭表現力の基礎能力となる。さらに、これらの学習・研究活動を通して訓練・蓄積された論理的・分析的思考力および表現力は、卒業後の職業生活や社会生活で営まれる知的活動に必要な日本語力へとつながっていく。その意味で、大学学部で養成されるべきアカデミック・ジャパニーズは、単に大学・大学院等で必要とされる日本語力ではない。卒業後の知的活動の根源となるべき言語能力であり、留学生・日本人学生共通の到達目標であると規定される[2]。
　そこで、本章では、大学学部の教養教育の一環として、タスク・シラバスによる論理的・分析的思考力と表現力を養成するための教育方法を提案し、留学生だけではなく、日本人学生に対する日本語表現教育にも資する教育方法について考える。

2. 論理的・分析的思考力の養成

　論理的な表現力を養成するには、その基盤となる論理的・分析的思考力を養成することが先決問題である。それには、次のような訓練方法がある。
　あるトピックに対して、常に、自分なりの「答え」(=「主張」)を考える。自分なりの「答え」が決まったら、次は、その「答え」に対する「問い」をたてる。そして、「問い」から「答え」に導くための説得的な根拠によって説明もしくは論証する。

1. 自分なりの「答え」(=「主張」)を考える。➡　＜結論＞
2. その「答え」に対する「問い」を発する。➡　＜序論＞
3. 「問い」から「答え」に導く説得的な根拠により、説明・論証する。
　　　　　　　　　　　　　　　　　➡　＜本論＞

あるトピックに対する答えとは、自分自身の主張である。それは、講義、講演、対談、発表、レポート、論文など、さまざまなジャンルのアカデミック・ジャパニーズの「結論」となるものである。したがって、この答えはそう簡単に得られるものではない。自分自身を取り巻く多くの人々の考えや周囲の環境の中で、自分自身が体得してきた経験を振り返り、熟考し、他者とは異なる固有の「答え」を見つけ出す必要がある。

　この答えを見つけ出すことができない学生は、留学生よりもむしろ日本人学生のほうに多いかもしれない。これまで付和雷同型で過ごしてきた学生は、この答え探しでまず苦しむ。自分自身の考えなど求められたことのない学生は、大学に入って、さて「自分自身の主張は？」などと問いかけられても、わからなくて苦しむ。

　こうした学生に対してどうするべきか？1案としては、あるトピックをめぐって、クールな学生を「怒らせ、感情的にさせ、熱くさせる」方法がある。これまで、レポート・論文作成指導では、感情を吐露することは禁物であることが強調されてきた。たしかに、レポート・論文に感情的な表現が紛れ込んでいたとしたら、それは客観性をそぎ、価値を落とす。しかし、いいレポート・論文を書くには、まず、胸の内を焦がすほどの熱いものが、その出発段階では必要である。それがない場合は、意図的にけしかけて、学生の反発を買ってでも怒りを爆発させ、時には嘆き悲しませなければならない。

　こうした感情が学生の胸の内に沸き起これば、その後は比較的スムーズに展開する。次は、なぜそんなに腹立たしく悲しいのか、なぜこんな感情を引き起こしたのかと、自ら問いかけさせる。そして、自分自身の感情の起伏を冷静に客観的に見つめ直し、分析したところで、その過程を他者に論理的に説明するように導く。授業実践から1例、この過程を示そう。

＜実践例１＞　あるトピックに関する各自の主張を意識化させる

使用教材：『国境を越えて』［本文編］改訂版（2006）
第10課：日本国憲法の今日的意味、トピック３：国を越えた歴史

　このトピックでは「教科書問題」を扱っている。アジア各国で論争を巻き起こしたトピックである。しかし、だからといって、授業で「教科書問題についてどう思うか」と聞いても、勇気のある学生しか発言しないことであろう。そこで、教科書の「検定」と「検閲」の意味の違いをよく確認した上で、「家永三郎氏の『新日本史』の教科書修正は憲法違反の検閲ではなく、正当な検定の範囲ではないのか」と問いかける。すると、アジア勢から猛烈な反発の声が返ってくる。その勢いがしばらく続き、完全に圧倒されかけると、今度はヨーロッパ圏の学生から疑問の声が上がる。「でも、イギリスでも高校までの歴史ではいいことしか書いてないし、そんなの当たり前なんじゃないの？」と。思わぬ意見が出て、それまでの流れがひっくり返ってしまう。そこで、初めて、アジア勢の学生の中からも、自国で中学・高校までの教科書が検定ではなく検閲を受けている現状に思い至る学生が現れる。しかし、それでも胸のくすぶりは収まらない。

　レポート・論文作成にはこうした熱い論争が事前に必要である。この論争を通して、「でも、自分はこう思う」という信念を抱かせ、これがそれぞれの主張となり、結論となる。序論は、この論争のきっかけとなった「問いかけ」から成る。そして、本論は、自分自身の主張が正しいことを他者に説得するために、さまざまな資料から探し出してきた根拠によって構成される。

　アカデミック・ジャパニーズの領域では、レポート・論文作成に限らず、こうした熱い感情に導かれた後の、論理的・分析的思考過程が必要とされる。こうした思考過程を経た後に、各ジャンルの言語形式を与えれば、書き・話すことはそれほど困難ではない。なぜなら、彼らの胸のうちにはすでに自己主張したい気持ちがあふれかえっているからである。

3. 文法能力の養成

3.1 タスク・シラバスによる文型表現練習

　レポート・論文等の作成やスピーチ・プレゼンテーションに必要な情報収集では、まず情報を正確に読み・聞くための文法能力が必要不可欠である。その教育項目とすべき文法・文型表現の取出しには、日本語を第2言語として客観的に捉える日本語教育の専門性が求められる。昨今では、この日本語教育の専門性が日本人学生に対する日本語表現教育でも必要ではないかと考えられはじめている。本書の刊行はそうした思いを結実するものであろう。

　そこで、ここでは日本語教育の視点から2つの表現練習教材を比較し、タスク・シラバスによる練習方法が論理的表現力の養成に適していることを示す（次ページ参照）。1)は文法シラバスによる文型表現練習教材（山本・工藤2001)[3]、2)はタスクによる表現練習教材（山本・瓜生・甲斐2006）で、どちらも逆接の接続表現「〜ものの、〜」の文法項目を扱っている。

　1)の文型表現練習教材では、日本語教師に文法説明を誘導しやすい。LとCはそれぞれ書き言葉的表現と話し言葉的表現を示しているが、これから書き言葉と話し言葉の使い分け練習やアカデミック・ジャパニーズ領域での応用練習まで展開する教師は少ないであろう。

　一方、2)のタスク編では、文法・文型表現がタスク達成のための手段として用いられている。そのため、「〜ものの、〜」の練習自体が目的化することはない。まず、図表の文章による解説例を通して、「〜ものの、〜」が対比的なグラフを文章で表現する手段として、他の書き言葉的表現とともに提示される。次に、その同じ内容が、口頭による解説例では、「〜ものの、〜」に代わる話し言葉的表現によって示され、書き言葉との対比がより明らかにされる。さらに、表現練習で学生自身が対比的なグラフを読み取り、文章解説の練習を行う。最後に、自分自身が選んだ自国の社会変化を表す図表の解説の中で「〜ものの、〜」を適切に用い、発表で話し言葉的な表現に言い換えていれば、この練習は成功である。

{Naな／Aい／V／Vた}ものの　L　　　　although　cf. 〜けれど(も) C
例　多少不安なものの、何とかなるだろう。‥‥(略)‥‥
練習　最も適当なものを線で結びなさい。
1. 今日中にやると言ったものの、・　　・今はもうだいぶ慣れてうまくいっている。
2. 大学に入ってはみたものの、　・　　・その商品はよく売れている。‥‥(略)‥‥

1)　文型表現練習（山本・工藤 2001：18）

図表解説のパターン

資料　産業別人口比の推移

図表　　(略)

◆文章による解説例

【資料の紹介】‥‥‥‥‥‥(略)‥‥‥‥‥‥
【データの説明】‥‥(略)‥‥それぞれの産業人口比の顕著な変化を見てみる。第一次産業<u>は</u>、1950年<u>は</u>戦前の1940年に比べて多い<u>ものの</u>、<u>その後は減少し続けている</u>。‥‥‥‥‥‥(略)‥‥‥‥‥‥

◆口頭による解説例

【資料の紹介】‥‥‥‥‥‥(略)‥‥‥‥‥‥
【データの説明】‥‥(略)‥‥<u>では</u>、それぞれの産業別人口比の顕著な変化を見てみます。<u>まず</u>、第一次産業ですが、第一次産業は1950年<u>は</u>、戦前の1940年と比べると多い<u>んですが</u>、50<u>年以降は</u>、ずっと減少<u>しています</u>。‥‥‥‥‥‥(略)‥‥‥‥‥‥

表現練習

資料1 日本の出生数の推移

図表　　(略)

1.文章表現
▶＿＿＿＿は、＿＿＿年から＿＿＿年にかけて、多少の ｛増減／増加／減少｝ は見られるものの、全体としては ｛増減／増加／減少｝ の傾向を示している。
‥‥‥‥‥(略)‥‥‥‥‥

2)　タスク編 3 図表の解説（山本・瓜生・甲斐 2006）

3.2 読解・聴解における文型表現練習

　読解・聴解の授業でも、文法能力を養成することはできる。ただし、その場合、文字・音声言語素材に使用されている文法・語彙項目の指導に主眼をおくべきではない。素材中の文法項目を取り出して文法知識を教授するといった、学習者にとって受動的な方法では、文法知識の運用能力は身につかない。学習者に能動的な情報の読み取り・聞き取りを促し、その中で学習者自身に文法項目を運用させる必要がある。授業実践から1例を示そう。

＜実践例２＞　読解・聴解素材中の文法項目の指導

使用教材:『国境を越えて』［本文編］改訂版 (2006)
第11課:企業の社会的役割、トピック2:企業の国際社会貢献

> マニさん（男）は途上国の環境と生産者の保護を目指している企業の社長、河合さん（女）とダルさん（男）は南城大学産業社会学ゼミの学生。河合さんとダルさんは「企業の社会貢献」に関するレポート作成のため、マニ社長に話を聞いた。
> ・・・・・・・・・・・・・・・・・・（略）・・・・・・・・・・・・・・・・・・
> ダル：でも、お宅の企業では有機農法の農家とパートナーを組んでるって聞きましたけど、環境に負荷をかけないようにってことで。そうすると、値段がかなり高くなるんじゃないですか、市場価格よりも。
> 河合：でも、この綿シャツ、それにしては安いと思うんですけど。
> マニ：そうでしょ。うちの綿シャツの販売価格は、カジュアルなTシャツ並みにしてますからね。
> ダル：そんなんで、利益が出るんですか。企業というからには、やっぱりある程度、利潤を出さないと…。・・・・・・・・・・・・・・・（略）・・・・・・・・・・・・・・・

　上記テキストの内容理解を確認するため、以下の質問を順にする。

1. マニさんの会社では、どんな取り組みをしていますか。
2. なぜそのような取り組みをしているのですか。
3. マニさんの会社の製品は、値段が高いですか。安いですか。

すると、3番目の質問で戸惑う学習者が出てくる。次の文中の「それにしては」が習得できていないからだ。そこで、文頭の「でも」ということばから、その前に言われるべき「そうですねえ、高くなりますねえ」を導き出してそのような状況では一般に「値段が高くなる」ことをまず確認する。そして、「それにしては」の意味を確認した上で、これを教育項目に切り替える。指導は、全談話の内容理解確認が終わってから、次のような簡単な問いかけに「それにしては、〜ですね」という文型で答えさせる。

　教師：＿＿＿＿＿①、②・・・＿＿＿＿＿＿＿＿＿＿＿＿＿＿＿。
　学生：それにしては、＿＿＿＿＿＿＿＿＿＿＿＿＿＿＿ですね。
　　①教師：昨日は仕事でぜんぜん寝てないんですよ。
　　　➡　学生：それにしては、＿＿元気＿＿ですねえ。
　　②教師：あの人、もう日本に5年も住んでるんですよ。
　　　➡　学生：それにしては、＿日本語が下手＿ですねえ。

「それにしては」の意味・用法を説明・講義するよりも、こうした既習の語彙・文法項目を使用して学生に問いかければ、新出の文法項目であっても教師と学生のコミュニケーションを通して習得され、運用能力として身につく。

　アカデミック・ジャパニーズのジャンルで使用される文法・文型表現、談話構造が学習者に習得されているかどうかは、内容理解の確認の際に学習者の解答から診断する必要がある。誤答が未習得の文法・文型表現によって引き起こされている場合は、その文法・文型表現を教育項目として取り上げ、簡単な運用練習を補う必要がある。もちろん、こうした練習は日本語教育の専門家とて、あらかじめ想定して周到に準備しておかなければ、その場で即席にすることは容易でない。しかし、この準備ができるか否かが日本語教育の専門家か否かの違いであると言え、その意味で少なくとも留学生に対するアカデミック・ジャパニーズ教育には日本語教育の専門的視点が欠かせない。

4. 主張の根拠とする情報収集のための読解力・聴解力の養成

　レポート・論文やプレゼンテーションで主張を論理的に述べるには、その主張の根拠とする情報収集のための読解力・聴解力が前提条件として求められる。日本人学生を対象とした表現法のクラスでは読解力・聴解力は「すでにあるもの」として考えられているが、留学生対象のクラスではその技能養成は重要な教育項目である。ところが、この2技能の養成方法については日本語教育専門家の間でも統一された見解がなく、一般に次の2つの言語教育観に基づいて指導されているものと見られる。1つは、読解力・聴解力は、文字言語・音声言語素材に使用されている文法・語彙項目の指導をすれば、あとは自然に身につくというものである。もう1つは、文字言語・音声言語の理解は、文法・語彙項目の指導だけでは身につかず、それぞれの媒体の性質を考慮し、必要な情報を読み取り・聞き取ることによって身につくとする考え方である。

　筆者は、後者の考え方に属し、アカデミック・ジャパニーズのジャンルでは、話し手にとって必要な文字・音声言語情報を能動的・批判的に読み取り、聞き取る練習が必要であると考える。受身的な読み方・聞き方では、話し手自身の主張を説得的にするための根拠を収集することはできない。これは、逆に考えれば、必要な情報の読み取り・聞き取りは、話し手自身の主張がはっきりしていなければできないということになる。したがって、読解・聴解の授業でもそうした観点による技能訓練が必要になる。つまり、ヒアリング・マラソンなどと称して長時間聞き流す方法や、目的もなく長時間漫然と読み続けるのではなく、読み取り・聞き取るべき情報は何かという点をまず明らかにし、その情報を短時間で収集するという技能訓練である。

　こうした訓練は、レポート・卒論作成における剽窃を防ぐ上でも効果的である。他者の考えでも引用なしに自分の考えであるかのように書く学生は、留学生に限らず、日本人学生にも多い。彼らの多くは、情報源を明記するといった単にスキルを学ばせる程度の生半可な指導だけでは効果がない。なぜ

なら、参考資料を読んだり聞いたりしていると、彼らはそれがあたかも自分自身の考えであるかのような錯覚に陥ってしまうからである。それで、情報源を明記するように指導しても、資料を読む前から資料の著者とは同じ考えだったから自分の考えだと開きなおる。

　これは、「まず、主張ありき」という最初の段階で躓いていることに起因する。情報収集のための資料探しの前段階で自分自身の主張がはっきりしていれば、こうした問題は多くの場合防げる。なぜなら、資料はあくまでも自分自身の主張を支持するための手段であるという認識が生まれるからである。剽窃をなくすには、主張の根拠とする情報収集のための読解力・聴解力の養成を通して、こうした認識を段階的に根気よく育んでいく必要がある。

5. 論理的表現力養成のための教材例と指導例

5.1 『国境を越えて』[タスク編]

　『国境を越えて』[タスク編]では、[本文編]の内容にあわせて、1から6の6つのタスクを課し、文章・口頭による論理的表現力の養成を目指している。『国境を越えて』[本文編]は11の一般教養的テーマから成り、それぞれ3つのトピックを含む。トピック1では文章体のモデルを、トピック2とトピック3では、講義、講演、発表、討論、対談など、さまざまなジャンルのアカデミックな音声言語モデルを提示している。学生は、[本文編]の各テーマの読解・聴解を終えた後、[タスク編]で関連のテーマの課題を通して、自ら調べ、考えたことを文章・口頭で表現する。

　表1は『国境を越えて』[本文編]の、表2は[タスク編]の内容を示している。図1はその[本文編]と[タスク編]の関係を示している。また、表3は[タスク編]で取り上げた6つのタスクの関連を示している。

課	テーマ	6	地球規模の環境問題と対策
1	文明の多様性と異質性	7	社会科学の方法
2	人口動態	8	情報化時代
3	戦後の社会構造の変容	9	グローバル化時代の課題
4	戦後の経済構造の変容	10	日本国憲法の今日的意味
5	開発の功罪	11	企業の社会的役割

表1 『国境を越えて』[本文編]のテーマ

	タスク編の内容		本文編の関連課
①	スピーチ	特徴的な自文化の説明・紹介	1課
②	討論	人口問題について	2課
③	図表の解説(文章・口頭)	社会変化を図表で説明する	3・4課
④	ディベート	～の開発に{賛成！VS. 反対！}	5・6課
⑤	調査	身近な？について	7課
⑥	レポートとプレゼンテーション	関心のあるテーマについて	1-11課

表2 『国境を越えて』[タスク編]

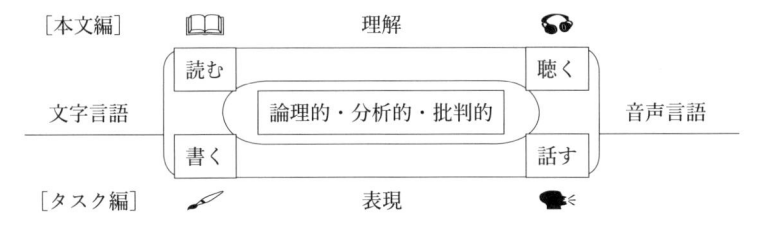

図1 『国境を越えて』[本文編]と[タスク編]の関係

		①スピーチ	②討論	④ディベート	⑥レポートとプレゼンテーション
			レジュメ	作戦シート	レジュメ
論理的展開の様相	序論（問い）	トピックの紹介 <u>話の焦点</u>	トピックの紹介 <u>話の焦点</u>	トピックの紹介 <u>賛成・反対の表明</u>	トピックの紹介 <u>問題提起</u>
	本論（根拠↓説明論証）	トピックの説明 ①特徴を分類して順番に ②時間的順序に ③ある特徴を詳細に	トピックの説明 ①現状・問題点 ②従来の対策	①既存の統計資料…③図表解説 ②調査資料…⑤調査報告書の作成・発表 ③文献資料…⑥で引用・要約等の練習	
	結論（答え）	まとめ <u>話の焦点を強調</u>	まとめ <u>解決策の提言</u>	まとめ <u>賛成・反対の主張</u>	まとめ <u>結論の主張</u>

表3　『国境を越えて』［タスク編］の各タスクの関連と論理的展開の様相

　6つのタスクのうち、①スピーチ、②討論、④ディベート、⑥レポートとプレゼンテーションの4つはすべて序論、本論、結論の論理的展開を示すという点で、アカデミック・ジャパニーズ特有の談話構造を有している。ただし、各ジャンルはそれぞれ特有の言語形式を持つ。［タスク編］の③図表解説と⑤調査は、④ディベートや⑥レポートとプレゼンテーションで主張の根拠とするための1手段として用いられ、発表の一部を形成する。

　表3の序論と結論の▭▭▭▭部分では、話し手の考え・意見が表明される。そして本論では、資料によって調べた事柄が説明される。

　①スピーチは、［本文編］第1課「文明の多様性と異質性」に関連するテーマで、自身の身近な伝統文化・行動様式をいかに客観的に整然と説明するかを練習するものである。これは、最もシンプルで基本的なアカデミック・ジャパニーズの談話構造として入門的練習に適している。話題によっては初級でも可能で、中級段階までに学習できていることが望ましい。しかし、同じスピーチでも、論理的に説明するというアカデミック・ジャパニーズの観点のもとに練習しないと、次の段階へのステップが難しい。

　②の討論のテーマは、［本文編］の第2課「人口問題」に関連させている。

まず、それぞれの学生の国・地域の人口問題について調べ、レジュメにまとめる。そのレジュメをもとに討論する。これは、レジュメ作成の段階で論理的構成を学び、討論ではそのレジュメをもとに他者との対話を通して、各国の現状・問題点からこれまでの対策について互いに情報を交換しつつ、最終的に解決策を考えるというものである。他者の発言内容に合わせた発言が求められる点で、1より高度なスキルを要する。

4のディベートは、［本文編］の第5課「開発の功罪」と、第6課「地球規模の環境問題と対策」で学び、考えたことから、身近な開発例を取り上げ、それに賛成か反対かでディベートを行う。身近な開発例であっても、論証の根拠として、一般的な開発例や各地域の人口・経済統計等の既存資料が使用できることを学ぶ。

6のレポートは、［本文編］に関連のあるテーマの中から、期限内でできる関心のあるトピックを選ぶ。前述したように、このトピック選びで各学生の主張がはっきりしているかどうかが、その後の論理展開の優劣を決定するといってもいいほど重要である。

3の図表解説は、［本文編］の第3課「戦後の社会構造の変容」と第4課「戦後の経済構造の変容」との関連で、統計資料の図表を文章・口頭で解説する練習である。また、5の調査報告書の作成・発表は、［本文編］の第7課「社会科学の方法」との関連で、学生の身近で関心のある事柄から調査テーマを選び、グループで面接調査をし、調査報告書の作成から発表まで行うというものである。この3の図表解説と5の調査は、主にディベート、レポート・論文、プレゼンテーションで、論証の手段として用いられる。もちろん、1のスピーチや2の討論でも説明の手段として用いることができる。その場合、1のスピーチ形式は、講義、講演、ゼミの発表へと展開し、2の討論は正式な対談、パネルディスカッションへと展開する。

こうした各ジャンルにおけるアカデミック・ジャパニーズ共通の論理展開の方法とそれぞれの言語表現とを学習していくことにより、自分自身の主張（＝意見）と、その主張を支持する根拠（＝事実）とが峻別されていき、剽窃

が無意味であるという認識も徐々に形成されていくものと考える。

5.2 アカデミック・スピーキングの教育実践例

ここでは、[タスク編] の①スピーチにより、アカデミック・スピーキングの教育実践例を示す。

＜実践例3＞　アカデミック・スピーキングの指導

> 使用教材：『国境を越えて』[タスク編] (2006)
> ①スピーチ：特徴的な自文化の説明・紹介

(1) タスクの目的を明らかにして、スピーチのテーマを決める

まず、次の2つの目的を示して本文編の内容と談話構造を理解した上で、スピーチのトピックを決める。

①事実（文化様式・風土の特徴）を的確に説明・紹介する方法を学ぶ。
②多様な文化・風土の特徴を理解し、本文編第1課を参考にして文明の類型について考える。

スピーチのトピックは、学生自身が他の人に最も「話したい、紹介したい」ことにすると、その後が楽に進む。トピックが決まったら、その文化・行動様式の特徴をよく調べ、調べた内容を的確に説明・描写する。そして、このタスクの重要なポイントとして、次の点を理解させる。

①スピーチは、トピックに関する話し手の感情をそのまま吐露するものではないこと。
②スピーチは、トピックに関して的確に説明・描写し、聞き手に十分な情報を与えることによって、話し手の感情を聞き手に喚起させるものであること。

(2) スピーチの談話構造を示して、事実の説明練習をする

　スピーチのモデルとともに次のようなスピーチの談話構造を示して、各部分の表現形式の練習をする。その際、トピックの特徴説明は、その内容によって①〜③のどの説明パターンが適しているか考えさせることが大事である。

導入	はじめのことば ➡ トピックの紹介 ➡ 話の焦点
本文［トピックの説明］	①特徴を分類して順番に説明 ②時間的順番に説明 ③ある特徴を詳細に説明
しめくくり	まとめ ➡ 関心を引く ➡ おわりのことば

　また、話に一貫性があるかどうかは、導入部分でこれから話すと示したことがらが、最後のしめくくりで簡潔にまとめられているかによって決まることが多い。これは、次のような練習をすると効果的である。

```
練習　導入の 話の焦点 から、しめくくりの まとめ の文を作ってみましょう。
　話の焦点　　X：［　QW＋S＋のか　］といったことからお話ししたいと思います。
　➡まとめ　　Y：以上、［　　　S　　　N　］についてお話ししました。
例　X：なぜ別府の温泉はお湯の量も色も豊富なのか、といったことからお話ししたい
　　と思います。
　➡Y：以上、別府の温泉がお湯の量も色も豊富な 原因 についてお話ししまし
　　た。
1．X：なぜ女性は土俵に上がれないのか、ということについてお話したいと思います。
　➡Y：以上、　　　　　　　　　　　　　　についてお話ししました。
　　　　……（略）……
```

(3) レポートとの違いから、スピーチ・スタイルの特徴を示す

　留学生の上級日本語教育では、話し言葉と書き言葉の使い分けは重要な学習項目の１つである。そこで、文献や新聞・雑誌に使用されるレポート・

論文などの文章表現と、スピーチや講義、講演、討論、プレゼンテーションなどの口頭表現の文末表現、助詞の用法、文の接続方法、語彙・構文のスタイルがどう違うかを示す。そして、学生の提出したスピーチ原稿を添削・返却した後、耳で聞いただけでわかるようなスピーチの練習をする。この練習は、「スピーチやプレゼンテーションも聞き手とのコミュニケーションである」ことを意識化させる上で、留学生でも日本人学生でも、特に次のようなタイプの学生には有効である。

①文章体の原稿を文末だけ丁寧体に変えて棒読みするタイプ
②聞き手に合わせた話し方のできないタイプ
③抑揚のない聴きにくい話し方をするタイプ

◆文章体の文をスピーチ・スタイルに変える練習

練習　　　　内の語句を参考に、次の文をスピーチ・スタイルに変えて練習しなさい。
1. 和辻の『風土』は、1935年に発刊されて以来、今なお広く読まれている。
   ➡和辻の『風土』は、1935年に＿＿＿＿＿＿＿＿＿＿＿、＿＿＿＿＿＿＿ます。

発刊される→出版される　～て以来→～たんですけど、それからずっと　今なお→今でもまだ

　　　（解答例：出版されたんですけど、それからずっと今でもまだ広く読まれてます。）

2. 南西モンスーンが熱帯の暑熱と湿気を同時にもたらす。
   ➡南西モンスーンが＿＿＿＿＿＿＿＿＿＿＿、で、＿＿＿＿＿＿＿＿＿＿＿＿＿＿んです。

［無生物が～を Vt］　➡　［無生物が Vi て、で、～んです］
南西モンスーンが～をもたらす→南西モンスーンが吹いて、で、～んです
熱帯の暑熱と湿気を同時にもたらす→熱帯のように蒸し暑くなる

　　　（解答例：吹いて、で、熱帯のように蒸し暑くなるんです。）

◆専門用語や難しいことばの説明をする練習

| 練習 | ＿＿＿に適当なことばを入れて練習しなさい。そして、あなたのスピーチで使用する難しいことばや専門用語を<u>聞き手に合わせて</u>説明しなさい。 |

▶ T＿＿＿＿＿、(あ、Tというのは)つまり(たとえば) U ｛Nの・Sという｝ ＿＿＿＿＿＿＿＿＿＿＿＿＿＿＿｛こと・意味｝(なん)ですが、この T ＿＿＿は、………(略)……

T	西欧化　　和魂洋才　　旧世界　　新大陸
U	英語で Westernization　　西洋の近代的制度は取り入れても心は日本人だ アジア・ヨーロッパ・北アフリカ　　北アメリカ・南アメリカ・オーストラリア

◆キーワード、キーフレーズの発音練習

| 練習 | ＿＿＿のキーワードに注意して発音練習しなさい。キーワード、キーフレーズは、ゆっくり、はっきり発音します。また、繰り返したり、他のことばに言いかえたりして、目立たせます。 |

1. <u>第1地域</u>の国は、はじめは<u>未開な国</u>としてスタートしている。一方、<u>第2地域</u>の方は、<u>巨大な文明</u>が発生してるんですね。………(略)………

| 練習 | ＿＿＿に適当なことばを入れて、＿＿＿を目立たせて発音練習しなさい。 |

1. <u>第1地域</u>は、ええとあのう、　　(西欧)　　と　　(日本)　　のことなんですけど、この<u>第1地域</u>は、どちらもはじめは<u>未開な国</u>としてスタートしたんです。………(略)………

6. おわりに

　「日本語教授法」を履修したある日本人学生の履修動機に、「留学生のほうがプレゼンテーションが上手なことに気づいたから」というのがあった。これは、昨今、表現力の低下が指摘される日本人学生にとっても、こうしたアカデミック・ジャパニーズ教育が必要であることをよく示していよう。大学学部の教養教育の一環として提案した、タスク・シラバスによる論理的・分析的思考力と表現力を養成するための教育方法が、留学生だけではなく、日本人学生にも資する点があれば、幸いである。

ただし、この教育方法を留学生の日本語教育で有効にするには、その基盤となる初級・中級教育が重要である[4]。今後、アカデミック・ジャパニーズの観点から、初級・中級教育の見直しを図っていく必要性もあるだろう。

　また、現在、大学入学予定の留学生に対する「アカデミック・ジャパニーズ入門」の評価方法としては日本留学試験があるが、大学の教養教育終了時点における「アカデミック・ジャパニーズ上級編」の評価方法がない。今後、日本人学生、留学生共通の「教養日本語能力試験」の開発も念頭に入れていく必要があろう。

注

1. 「日本留学試験」が測定対象とする日本語力は「日本留学のための新たな試験」調査研究協力者会議(2000)による下記概念図の網掛け部分である。

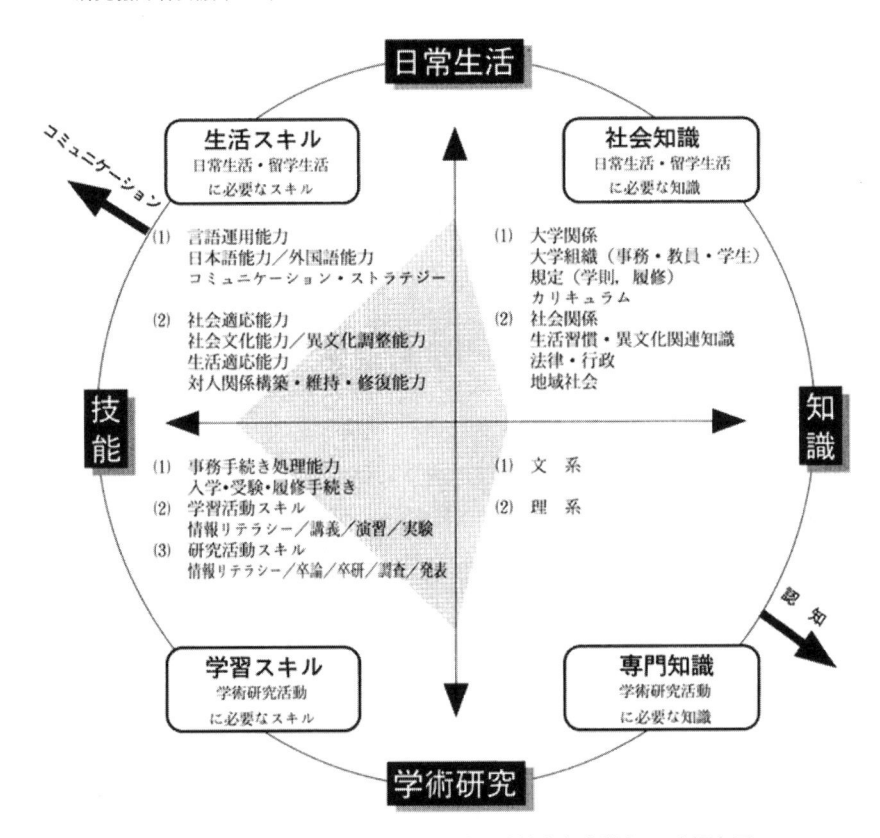

```
                        日常生活
                           ↑
        生活スキル                  社会知識
        日常生活・留学生活            日常生活・留学生活
        に必要なスキル              に必要な知識

コミュニケーション
    ←   (1) 言語運用能力           (1) 大学関係
         日本語能力／外国語能力          大学組織(事務・教員・学生)
         コミュニケーション・ストラテジー    規定(学則,履修)
                                    カリキュラム
        (2) 社会適応能力            (2) 社会関係
         社会文化能力／異文化調整能力       生活習慣・異文化関連知識
         生活適応能力                 法律・行政
         対人関係構築・維持・修復能力      地域社会

技能 ←                                          → 知識

        (1) 事務手続き処理能力        (1) 文系
         入学・受験・履修手続き
        (2) 学習活動スキル          (2) 理系
         情報リテラシー／講義／演習／実験
        (3) 研究活動スキル                          ↘ 認知
         情報リテラシー／卒論／卒研／調査／発表

        学習スキル                  専門知識
        学術研究活動                 学術研究活動
        に必要なスキル              に必要な知識
                           ↓
                        学術研究
```

「日本留学のための新たな試験」調査研究協力者会議(2000)概念図

2. 山本(2004a)では、アカデミック・ジャパニーズを「大学・大学院等での学術分野のみならず、卒業後の職業生活や社会生活で営まれる知的活動を通して使用される高度な日本語」と定義した。
3. ［文型・表現練習編］は、一般教養的テーマを通して<u>4技能を総合的に養成するため</u>に『国境を越えて』［本文編］とともに公刊した。しかし、作成意図がうまく伝わらず、

［文型・表現練習編］では文法知識をさらに詳しく講義し、［本文編］では不足している教養的知識をさらに補填して講義するという形式で用いられている場合があった。以来、試行錯誤を重ね、新たに［タスク編］を開発し、作成意図が伝わりやすい練習形式に改めた。
4. 山本（2003, 2004b, 2005a, b）で、アカデミック・ジャパニーズの習得には、難解な語彙知識ではなく、音韻の弁別能力や 2～4 級の基礎的な語彙・文法知識の不足が大きく関与していることを指摘した。

参考文献

国際交流基金他 2002『日本語能力試験　出題基準［改訂版］』凡人社
「日本留学のための新たな試験」調査研究協力者会議 2000『日本留学のための新たな試験について―渡日前入学許可の実現に向けて―』
山本富美子 2003「留学生に求められる日本語能力と大学学部教学体制の国際化」門倉正美代表『日本留学試験とアカデミック・ジャパニーズ』平成 14～16 年度科学研究費補助金（基盤研究（A）(1) 一般）研究成果中間報告書　pp.73-89
山本富美子 2004a「アカデミック・ジャパニーズに求められる能力とは―論理的・分析的・批判的思考法と語彙知識をめぐって―」『東京外国語大学留学生日本語教育センター移転記念シンポジウム報告書―アカデミック・ジャパニーズを考える―』pp.98-104
山本富美子 2004b「日本語談話の聴解力と破裂音の知覚との関係―中国北方方言話者と上海語方言話者に対する比較調査より―」『音声研究』, 8 (3), 67-79. 日本音声学会
山本富美子 2005a「アカデミック・ジャパニーズに求められる語彙知識とは― 2-4 級の語彙・文法事項の重要性―」門倉正美代表『日本留学試験とアカデミック・ジャパニーズ (2)』平成 14～16 年度科学研究費補助金（基盤研究（A）(1) 一般）研究成果報告書　pp.110-126
山本富美子 2005b「アカデミック・ジャパニーズ教育の視点と技法」横浜日本語教育フォーラム、米加大学連合日本研究センター配布資料
山本富美子 2006『国境を越えて』本文編改訂版　新曜社　※ 2006 年秋刊行予定
山本富美子・工藤嘉名子 2001『国境を越えて』文型・表現練習編　新曜社
山本富美子・瓜生佳代・甲斐朋子 2006『国境を越えて』タスク編　新曜社

＃アカデミック・ライティングにつながるリーディングの学習

二通　信子

1. はじめに

　ここでは、留学生の大学での学習、特にアカデミック・ライティングのために必要な読みの能力とは何か、またそのような能力をどう養成していくかということについて、考えてみたい。
　まず、次の2節では、筆者がこの問題に関心を持つようになったきっかけ、およびアカデミック・ライティングに必要な読みの能力について述べる。そして3節では日本語教育の読解教科書を通して、現状の読みの学習の問題点や課題について検討する。最後に4節で主体的で論理的な「読み手」を育てるための読解の学習内容について提案する。

2. アカデミック・ライティングとリーディング

2.1　なぜ「リーディング」か
　筆者はこれまで10年近く留学生へのアカデミック・ライティングの教育に取り組んできた。しかし、ライティングの学習だけでは留学生がレポートを書けるようにはならないということを痛感するようになってきた。特に考

えさせられたのは、留学生や日本人学生のレポートに多い「剽窃」の問題である。筆者が以前教えていた学部留学生のレポートの中には参考文献やインターネットから得た情報をそのまま写したような文章が少なくなかった。学生にしてみれば、日本語力の不足から自分の考えを伝えるためにやむなく他人の文章を借りたということもあるのかもしれないが、情報の出どころや資料としての価値について検討することなく、書かれていることを安易に切り取って使ってしまうこと、また事実やデータのみならず他人の意見をもひっくるめてそのまま自分の文章として使っていることに大きな問題を感じた。教師として引用のルールや方法を教えることはもちろんだが、学生が他人の文章にどう接し、どのように読んでいるのかということを考える必要があると思った。

　筆者がリーディングの教育について考えるようになったもう1つのきっかけは、数年前のカナダでの留学生としての経験である。筆者は大学院の教育学のコースを受講するかたわら留学生向けのスタディ・スキルズのクラスにも参加した。読みのスキルについての授業の中で、教師がまず強調したのが、教科書の内容について予測を立てそれに関する自分なりの質問文を作ること、そしてその答えを探しながら読んでいくということだった。また専門の授業では、文献の中の重要部分を選び、そこに注目した理由をクラスで説明するという課題がよく出されていた。そこでも、最も重視されたのは個々の読み手の視点や問題意識であった。そうした授業を通じて、筆者は自分の受けてきた読解教育との違いについて考えるようになった。

　筆者が学校教育で身につけてきた読み方は、自分は白紙の状態のまま、書かれていることをひたすら理解するというものだった。問いを出すのは教師で、その答えも教師が持っていた。今振り返ってみると、「読み手」としての自分の存在が希薄であるという点で、外からの情報や他人の書いたものを無批判に使ってしまう留学生とどこかで繋がるように思える。

　カナダでの体験は、筆者に日本での読解教育を外側から眺める機会を与えてくれた。そして、留学生のアカデミック・ジャパニーズに必要な読みの能

力やその学習のあり方についても考えるきっかけとなった。

2.2 大学生に必要な読みの能力

　自分の中にあるものを主な材料として書く作文や感想文と異なり、大学でのレポートや論文では、文献や資料など外から得た情報を参照しながら書くことが多い。その場合、1冊の本や数章にまたがる長い文章から必要な情報を取り出す、同じテーマの複数の文章の内容を比較する、事実と意見を区別しながら読む、要旨を読み取り自分の言葉でまとめるなど、自分自身の問題意識に基づく能動的な読み方が必要になる。また、文章との適切な距離を保ちつつ、その文章が前提としていることや筆者の意図を見極め、書かれている内容や論の進め方などについて客観的な検討を行うというような「批判的な読み」[1]が必要になる。

　しかし、日本語の読解のクラス、特に大学入学前や入学直後の留学生を対象としたクラスの場合は、文法や語彙の習得、文章の正確な理解など基礎的な学習が中心にならざるをえず、上述したような大学での現実の読みにつながるような形での学習はあまり行われていない。近年、「日本留学試験」の読解問題の影響もあり、逐語的な解釈だけではなく要旨や筆者の意図の読み取りなども重視されるようになっているものの、大学で必要な読みとのギャップは未だに大きい。

　筆者は先に、留学生に対する読解教育の状況を把握する1つの方法として、留学生のための読解教科書8冊から抽出した126の文章を対象に、文章のタイプや教科書の質問や練習の目的について調査を行った（二通 2005）。取り上げた教科書は以下の通りである。

①『テーマ別中級から学ぶ日本語（改訂版）』研究社
②『日本語中級読解　新版』アルク
③『テーマ別上級で学ぶ日本語』研究社
④『中級からの日本語　読解中心』新典社

⑤『日本を考える五つの話題』スリーエーネットワーク
⑥『生きた素材で学ぶ　中級から上級への日本語』ジャパンタイムズ
⑦『大学「教養の日本語」』講談社出版サービスセンター
⑧『大学・大学院留学生の日本語　①読解編』アルク

　上の①、②、③は読解力の養成とともに日本語の文型や語彙の拡充を目的としている教科書である。④、⑤、⑥は幅広いタイプの生教材を使用し、日本社会や文化についての理解を深めるとともに、読解のスキルを養成することを目指している。⑦は大学生に必要な読解力を、⑧はアカデミック・ライティングにつながる読解力の養成を目指している。次節では、この調査の結果を参考に留学生に対する読みの教育の現状について考えてみたい。

3. 日本語の読解教科書に見る読みの学習内容

3.1 読解教材に使われるテキストの特徴

　ここではまず、読解教材のテキストのタイプと読解学習との関係について考えてみたい。

　筆者の調べた126の読解教材では、書き手の経験や身近な出来事、社会的な問題などを題材としたエッセイ（随筆）や評論が全体の半数を占めていた。特に、前節で挙げた①～③の教科書では、教材の多く、またはほとんどが日本語学習者のために書き下ろされたエッセイ風の文章であった。

　そうした文章の典型的な構成は、「きっかけとなる出来事→個々の事柄や筆者の経験→筆者の感想、意見」となっている。文章のタイプからすると「ナラティブ」と呼ばれるものに近い。「ナラティブ」とは、「物語」や「個人的な体験談」のように時間の流れに沿って語られる文章のことで、学習者にとっても作文や日記などの形でなじみ深いものである。心理学者のBrunerは「教育においては科学と合理的思考の方法を教えている一方で、人々は生活の大部分をナラティブのルールとその装置によって構成された世界で過ご

している（1996：149）」と述べている。ナラティブというスタイルは人間にとって最も基本的な物事の把握の方法であり、表現の方法であると言えるだろう。

　しかし、ナラティブのテキストは論理的な考察の対象にはなりにくい。テキストの主題が明示的ではなく、読み手は書かれている出来事を心の中で追体験したり、書き手の心情を推察したりすることを通して、内容を理解していく。こうした教材は読みとっていく過程に意味があるものの、文章の構造や展開を客観的に検討する素材にはなりにくい。また、留学生が大学で接する文章とも異なる。このような文章が教材の多くを占めることで、読みの学習もかなり限定されたものになっているのではないだろうか。

　アカデミックな文章では、主題や論理の組み立て方を読み手に明示し、目的を明確にして書くことが求められる。出来事や自分の感想を羅列したような文章は、レポートとしては評価されない。学生は自分の中にある漠然とした考えや知識、個別的な経験、断片的な情報などを、主題とそれを支える要素とに整理し、論理的な構造の文章に組み立てていかなければならない。アカデミック・ライティングの学習は、学生自身がそれまで慣れ親しんできたナラティブな述べ方と、重点先行の論理的な構造を持つ文章との違いに、気づくことから始まるといえる。そのうえで、様々な文章の構造を学ぶことによって、自分の目的にあった文章を組み立てていけるようになることが重要なのである。

　そのためにも、読解のクラスでは文章の様々な構造や論理の展開方法を学ぶ必要がある。先に挙げた⑧の教科書のように、近年、アカデミック・ライティングと結びつけた読解教科書も出されているが、今後はアカデミックな場面での読みを視野に入れた教材を充実させる必要がある。

3.2　教科書で求められている読み

　次に、前述した調査の結果から、読解教科書ではどのような読みが求められているのか考えてみたい。調査では次頁の表1のようなチェック項目を作

成し、教科書中の質問や練習の目的について調べた。

I　言語面の知識
　1.　文法事項の意味や用法を理解する
　2.　文中での語の意味を理解する

II　内容の理解
　3.　文章に明示されている事柄を読み取る
　4.　文章に明示されていないことについて文脈から推論する
　5.　自分の経験や知識と関連づけて文章を理解する
　6.　文章の内容に合う例を自分の経験などから挙げる
　7.　事実と意見を区別する
　8.　図表など非言語的な情報と照合させて文章を理解する
　9.　文章の内容を図や表に表す
　10.　文章の内容を分類し整理する
　11.　筆者の意図を理解する
　12.　文章を要約する

III　文章に対する「読み手」としての反応
　13.　事前に自分で問いを立てる
　14.　書かれている話題についての感想を述べる
　15.　書かれている話題についての意見を述べる

IV　文章の構造の理解
　16.　文章の構造や論の展開について理解する
　17.　中心になる部分とそれを支える部分とを区別する

V　文章についての批判的な検討
　18.　論理の一貫性について検討する
　19.　論点について充分な説明がなされているか検討する
　20.　想定される読み手や、文章が読み手に与える効果について考える
　21.　文章の出典、使われている資料の信頼性について検討する
　22.　文章の文化的および思想的な先入観について検討する

表1　質問や練習についてのチェックリスト

上のチェックリストによる調査の結果、次のようなことがわかった。ま

ず、Ⅰの「言語面での知識」に関することは、上級の教科書1冊を除いて全ての文章で取り上げられていた。Ⅱの「内容理解」については、文章に明示されている事柄に関する質問が最も多く、9割近くの文章に関して出されている一方、事実と意見を区別する、文章の内容を図表に表す、内容を分類し整理するなど、一定の操作を伴うような能動的な読み方を求める教科書は極めて少なかった。Ⅲの「読み手としての反応」については、感想を求める質問が中心で、自分で問いを立てその答えを探したり、根拠を伴って意見をのべたりするような課題はほとんどなかった。Ⅳの「文章の構造」については、⑧の教科書が積極的に取り上げていただけで、他の教科書では触れられていなかった。また、Ⅴの「文章についての批判的な検討」に関わる質問や問題はどの教科書においても取り上げられていなかった。

　まとめると、調査した8冊中1冊を除いては、教科書の質問や課題が言語面の知識や文章の内容の読みとりに集中しており、文章構造の把握や文章についての批判的な検討は、読解の課題に取り上げられていなかった。論説文が教材になっている場合でも、論理の組み立てや妥当性について考えさせる質問はなく、総じて読みの目的が内容の理解にとどまっていた[2]。

3.3　教科書の質問は学生の読みを支えているか

　次に、教科書の中での教材に対する質問についてもう少し詳しく見てみたい。今回調べた教科書の中では、特に中級前半レベルの学習者を対象とした教科書で、文章に明示的に書かれていることについての質問が目立った。文章の流れに沿っていわゆる5W1Hタイプの質問が学習者の読みを誘導するかのように次々に出されているものもある。文章の該当部分を切り取るだけで答えられてしまうものも多い。筆者も授業で似たような質問をしがちであるだけに改めて考えさせられた。

　確かに、日本語の読解の授業においては、文型や語彙が文章の中で正しく理解されているか確かめることは多い。文脈が込み入っていてわかりづらいときに、その理解の手がかりを与えるような質問が必要な場合もある。それ

らの場合、学習者の使える語彙や文型が限られているために、学習者からの自由な答えを求めるような質問が出しづらいということもある。しかし、このような配慮の結果、文章の字面を追うことが読解の学習ということになってしまっていないか考える必要があるだろう。

例えば、前節で挙げた①の教科書の中に次のような文章がある。

>……以前に、報道番組で暴力事件（じけん）をあらかじめ計画（けいかく）しておき、それをニュースとして流すという事件が起こった。また、人の手を加（くわ）えた写真が報道写真として使われたこともあった。やろうとすればこんなことも可能（かのう）なのである。もちろん、報道に携（たずさ）わる者がそんなことをしてよいはずがない。しかし面白いことに、そういった事件に対する人々の反応は意外に冷静なものだった。ある部分を切り取って見せるテレビの画面や写真は事実そのままではなく、どうしても与える側の作品となってしまうということが、報道側だけでなく、与えられる側にもわかっていたのである。
>
> （文中の下線は筆者　松田他2003：110-111）

以下の5～7は、この部分についての質問である。

5.　テレビの報道番組でどんなことが起こりましたか。
6.　そのほかにどんな問題が起こりましたか。
7.　それらの事件に対する人々の反応が冷静だったのはどうしてですか。

　　　　　　　　　　　　　　　　　　　　　　　（同上：112）

5、6は事実に関する質問である。文脈に沿って順に出されており、文章から該当部分を切り取ることで答えられる。さらに7の質問も、形の上では理由を聞いているのだが、すぐその後に答に相当する部分があり、文章に書かれていることを答えさせるという点では5、6の質問と違いはない。

これらの質問は読みの学習の中でどのような意味を持っているのだろう

か。学生が文章から機械的に答えてしまう限り、文中の該当箇所を探す形式的な練習でしかなくなってしまう。内容を学習者自身が本当にわかっているのかも疑わしい場合もある。

　それでは、表面的なものではなく少しでも深い読みを引き出すようなやり取りをするにはどうしたら良いだろうか。例えば、上の5、6の質問の部分に関していえば、後の下線部の「そんなこと」の指すものを自分の言葉で答える方が意味があるだろう。「事実ではないことを本当のこととして報道すること」というように、もとの文章から離れて2つのことがらの共通点を考え、自分の言葉で表現することによって、わずかでも自分の思考を通した読みに近づけることができる。文章中のそれぞれの部分のつながり（結束性）を理解する練習にもなる。その他に、図やチャートの作成など言語の負担が少ない形で文章の内容を把握する方法もある。そのような積み重ねによって、〈外部の情報を、直接的にではなく自分の思考回路を経て自分なりの評価をしながら理解する〉ような「読み手」を育てていきたい。

　舘岡（2005：79）は、優れた読み手を育てるためには、教師が広範囲の情報を統合して考えなければならないような「グローバルな質問」をすることが有効だと述べているが、そのような質問を与えるためには、教師自身の読解についての目的意識と文章についての客観的で分析的な読みとが問われてくる。それは、もちろん筆者自身の課題でもある。

3.4　主体的な読み手をどう育てるか

　もう1つの問題は、教科書での質問において、書き手の意見が事実と同じように扱われていることである。例えば、先の7の質問でも、「なぜ」という質問で求められているのは、筆者の解釈をそのまま取り出すことである。

　「～はなぜですか」と問われれば、普通は「なぜだろう」と自分に問いかけ、その問題に関連して自分が持っている様々な知識や経験から、「～だからではないか」と自分なりの理由を挙げてみる。そして、テキストの中の筆者の挙げた理由が納得できるものであるか考える。そのようなプロセスが読

むことの中に当然含まれているはずである。7の質問にしても、そのような学生自身の思考を経なければ、「(報道を)与えられる側にもわかっていた」という事態の深刻さを実感を持って理解することはできない。

　実際の授業では、教師はこうしたことも配慮して、適宜質問を加えながら学生の読みを少しでも深いものにする努力をしているに違いない。しかし、日本語の授業においては、書かれていることをとにかく理解させようとするあまり、教材の中の「書き手」の解釈や意見を唯一のものとして扱ってしまいがちである。

　留学生を対象とした読解の授業において、テキストと一定の距離を保ちながら客観的、批判的に読み進めることは実際にはかなり難しい。それは、テキストと読み手の言語面のギャップから来るものだけではない。それに加えて留学生の多くが上述したような受身的な読みに慣れてしまっているという実情がある。筆者のこれまでの経験でも、どんな質問をしても常に教科書の文章の一部を切り取って答えようとする学生がいた。日本語に自信がないこともあるだろうが、母語でもそのような読みの学習をしてきたのかもしれない。日本語のクラスがそのような読み手を再生産してしまってはならない。

　テキストと適度の距離を保ち、文章の中での事実と意見の区別をしっかりと意識しながら、文章に主体的に向かっていけるような読み手を育てたい。このような「読み手」を育てることが、2節で述べたようなライティングにおける「剽窃」の問題を本当に解決することになるのだと思う。

　読み手が文章との適切な距離を保ち、主体性を持って文章に向かえるようになるためには、まずは日常の授業で「筆者はどう言っているか」ということと、「あなた自身はどう思うのか」ということを区別して問うこと、そして「筆者の根拠は妥当なものか」ということを考える機会を与えることであろう。「読み手」が「書き手」とは独立した主体であることを、日本語の授業においても確認していく必要がある。本稿で述べた「批判的な読み」も、このようなところから始まるように思う。

　次節ではこれまでの検討を踏まえて、アカデミック・ライティングにつな

がる読みの学習について具体的に考えてみたい。

4. アカデミック・ライティングにつながる読みの学習への提案

(1) テキストの社会的な背景を知る

　生の文章をできるだけ教材に取り上げ、それらがどのような本、雑誌、新聞などから採られたものか、また、それらが人々にどのように読まれているかなど、社会の中でのそれぞれのテキストの位置や読み手についての情報を与える。そして、1つ1つのテキストが特定の読み手や目的、そして社会的な背景を持っていることを意識しながら読む。上級の学習者の場合には、同じような話題を扱っていても、例えば新書などの一般向けの文章と学術的な論文とでは、目的や読み手の違いが文章の構成、文体、表現など様々な点に反映していることに気づかせるようにしたい。

(2) 複数の文章を比較しながら読む

　同じ話題で意見や観点の異なる複数の文章を用意し、比較しながら読むようにさせる。中級の場合は新聞の投書が、上級の場合は複数の論文を比較して読めるような新聞の特集頁が役に立つ。文章を比較検討させることで、文章に対する適度な距離が持て、客観的な見方が可能になる。また、比較のポイントを意識しながら読むことで、逐語的な読みに陥ることが避けられる。この活動を後の(4)のように書く活動につなげることもできる[3]。

(3) 文章の目的やタイプに応じた批判的な読み

　説明文、論説文など論理的な文章を積極的に教材に取り上げ、文章の構造や論の展開方法に着目した読み方をする。また、内容に対する批判的な読みも試みる。例えば、説明文では内容を読み取るとともに説明のわかりやすさや適切さも評価する。論説文では主張と根拠を把握したうえで、その根拠の妥当性についても考える。これらの活動は、読みの学習であると同時に、自分の書く文章に対する客観的な見方を養うことにもなる。

(4) 読むことと書くことを結びつけた学習

　読んだことを書くことに結びつける活動を行う。例えば、新聞の相談コーナーの問いを読み、それに対する回答を書くというような活動が考えられる。また、書くために必要な情報を得るという現実の読みに合った活動を行う。例えば、意見の異なる複数の文章を読み、それぞれの意見やその根拠を読みとり、それらを比較しながら紹介する文章を書く。または、それらの意見や根拠を参考にしながら自分の意見文を書く。

(5) 読解ストラテジーの習得

　学生が自分に合った読解ストラテジーを習得し、主体的に文章を読み進めていけるようにする。例えば、タイトルや各部分のサブタイトルなどから内容を予測した上で読む、文章のまとまりごとに自分なりの見出しを付けながら読む、キーワードを探しながら読む、内容を表や図に表してみる、マッピング[4]をする、論点などを箇条書きに整理する、などが挙げられる。論理的に構成された文章を読み、そのアウトラインを書き出してみることは、自分のライティングにも大変役に立つ。

(6) データや資料についての批判的な読み

　参考資料やデータを批判的に扱う態度を養うために、実際の統計資料を題材にして、資料やデータの出所、目的、調査方法などに注目させ、データの価値やデータについての情報の重要性について考えさせる[5]。

5. おわりに

　本章では、日本語の授業の中でどのように主体的な「読み手」を育てるかということについて考えてきた。日本語教育の読解教材や読みの教育の内容には、国語教育の伝統が色濃く反映しているように思われる。しかも日本に来る留学生の多くは中国・韓国などアジアからの若者たちで、彼らもまた、文章の規範的な解釈に重きを置く教育風土の中で育ってきた。日本語教育におけるアカデミック・ジャパニーズの教育を考えるとき、このことを十分考

慮する必要がある。

　留学生や筆者も含めた日本人が培ってきた「文章の内容や筆者の意図を真摯にまるごと理解しようとする姿勢」は、読みの基本として欠かせないものである。しかし、それだけでは受身的な、教室の中だけで完結するような読みになってしまう。現実の社会では文章は絶対的なものではないし、1つの解釈しかできないというものでもない。大学というアカデミックな世界のみならず、現代の社会において主体的で批判的な読みの能力が求められている。私たちは常に何らかの目的を持って文章を読む。何をどう読むか、決めるのは読み手自身である。

　本章では、留学生が自分の日本語力を最大限に活用し、主体性を持って現実の文章に向きあっていくことをめざし、ナラティブ中心の文章からの脱却や主体的で批判的な読みの必要性について考察し、それに基づくいくつかの提案を行った。未だ手さぐりの状態であるが、ここで考えてきた課題を日々の日本語の学習にどう結びつけていくか、今後も実践を通して考えていきたい。

注
1. 「批判的」というと日本語では否定的な面を挙げるという意味が強いが、ここでの「批判的な読み」とはテキストの価値や妥当性を判断しながら読むという意味で、否定的な面だけを問題にするのではない。
2. この傾向は国語教育にも共通している。浜本（2005：5-6）は、PISA（Programme for International Student Assessment）の2003年の読解力調査で、論述問題や、文章のスタイルに関する問題に日本人生徒の無答率が高いことから、「批判的な読み手・効果的に書く人を育てるには」、従来の内容の理解を中心とした指導だけではなく、文章の内容とスタイル（書き方）との関係を「対象化しその効果について考える」というような「テキストに関するメタ学習」を取り入れる必要があると述べている。ちなみにPISAの読解力テストでは、文章の目的、論の展開方法に関する筆者の意図、読み手としての意見、文章のスタイルに対する評価などが問われており、文章を批判的に読む力が重視されている。

また、石原（2005：43）も PISA の結果に言及し、PISA が求めているのは「他人を遠慮なく批評し」「常に他人とは違った意見をいうことのできる個性」であると述べ、PISA が求める読解における「批評精神」と国語の読解指導が目指すものとの違いを指摘している。
3. 近藤・丸山（2005）の留学生用の教科書では、1つのテーマでの視点の異なる情報を読むことを通して、異なる視点からの情報を整理し「能動的に考える」という技法と「正確に情報を伝える」という技法の両方を習得することを目指している。読みの学習を考える上で大変参考になる。
4. 文中のキーワードを書き出し、それらを矢印で結んだり丸で囲んだりすることによって、テキストの全体像が把握できるようにする。
5. 二通・佐藤（2003）の教科書の 98 頁〜106 頁で資料やデータの重要性や扱い方について取り上げている。

参考文献

アカデミック・ジャパニーズ研究会編 2001『大学・大学院留学生の日本語　①読解編』アルク

池田重監修 1990『中級からの日本語　読解中心』新典社

石原千秋 2005『国語教科書の思想』筑摩書房

大野純子 2003『大学「教養の日本語」』講談社出版サービスセンター

架谷真知子・津田彰子 1995『日本を考える五つの話題』スリーエーネットワーク

鎌田修監修 1998『生きた素材で学ぶ　中級から上級への日本語』ジャパンタイムズ

近藤安月子・丸山千歌 2005『上級日本語教科書　文化へのまなざし』東京大学出版会

舘岡洋子 2005『ひとりで読むことからピア・リーディングへ』東海大学出版会

二通信子・佐藤不二子 2003『改訂版 留学生のための論理的な文章の書き方』スリーエーネットワーク

二通信子 2005「日本語の教科書ではどのような読みが求められているか―読解教科書における質問の分析から」門倉正美代表『日本留学試験とアカデミック・ジャパニーズ(2)』平成 14〜16 年度科学研究費補助金（基盤研究(A)(1)一般）研究成果報告書　pp.127-144

日本語教育・教師協会編 1994『日本語中級読解』アルク

浜本順逸 2005「考える力と表現する力を育てる国語教育」『月刊国語教育研究』, 396, 4-9.

日本国語教育学会

Bruner, J.S. 1996 *The culture of education*. London: Harvard University Press.（J. S. ブルーナー著　岡本夏木・池上貴美子・岡村佳子訳 2004『教育という文化』岩波書店）

松田浩志 1994『テーマ別上級で学ぶ日本語』研究社

松田浩志・荒井礼子・太田純子・亀田美保・木川和子 2003『テーマ別中級から学ぶ日本語（改訂版）』研究社

大学初年次日本語表現科目での
ライティングのコース設計

大島　弥生

1. はじめに

　近年、大学における日本語表現の教育の重要性が指摘されるようになってきている。しかし、実際に大学の科目として運営するとなると、さまざまな困難が起こりうる。たとえば、必修科目の場合には、動機やレベルもまちまちな履修者に対し、複数の教師が対応しなければならなくなる。設定した目標に対して安定した成果をあげるためには、教師間の意思疎通も不可欠だ。

　このような科目の担当者には、コース全体を考えて授業の設計→実行→振り返り・改善を行うことが必要となる。そこで、本章では、このサイクル遂行の手順の一例として、大学初年次必修科目におけるアカデミック・ライティングの実践（東京海洋大学海洋科学部での「日本語表現法」の例）を、Plan-Do-See の流れ[1]に沿って紹介する。まず Plan の段階（どのような手順でコース[2]を設計し、どのような課題をなぜ目標として設定したのか）、つぎに Do の段階（学習活動をどう配列し、どう指導したか）、さいごに See の段階（実践を振り返ってどのような示唆が得られたか）について説明する。

2. Plan —コースの設計

2.1 コースの設計と改善のサイクル

　コースの設計は、日本語表現科目に対してその機関で何を期待しているかに左右される。ここで紹介する科目は、卒業論文や専門科目のレポートの指導を担当する教員からの「内容以前に、日本語の文章指導に手間がかかる。学部の早い段階から日本語表現の指導をしてほしい」という要望がきっかけとなって、学部の教務委員会が1年生前期の必修科目として開設を決めたものである。筆者はコーディネーターとして当初から関わることとなった。授業の目的は、開設時から「本学での授業修得に必要であるばかりでなく本学卒業生の資質としても必要な、日本語の文章表現、レポートの作成方法、議論・口頭発表のし方などを学ぶ」ものとして設定されていた。そこで、当該機関の状況に即して学習内容・学習目標・教材・担当者・運営方式・授業形態などを決めていくことになった。図1はそれらを決め、遂行し、改善するサイクルと、その各段階で考慮すべき事柄や参考情報を示したものである。科目の目的を設定するには、図1の吹き出しAに示したようなカリキュラム内での科目の位置づけや、他科目との連携が関わってくる。授業の形態の大枠の決定には、クラス数、学生数、教師数などの人的・物的条件が影響する。

2.2 読み手を意識するという目標

　その科目の目的を達成するには、学習者のニーズとレディネスを知り、それに合わせた授業の具体的目標とレベルを設定する必要がある。そのためには、先行の実践や既存の教材からの情報収集（図1吹き出しB参照）が必要になる。たとえば、章末の参考文献欄の教材や、大学での日本語表現科目の先行実践（富山大学、高知大学等）のホームページは、非常に参考になる。

　同時に、具体的な学習目標を決定するため、学生の書いた別の授業でのレポートを集めてレディネスを探った。その結果、複数のレポートに共通する

PLAN: 科目の目的・形態を選ぶ （その機関のカリキュラムの中で果たす役割は何か）	A 設計時に考慮すべき人的・物的条件： カリキュラムの中でその科目に何を求めるか、他の科目とのすみわけや連携をどうするか、教師数・学生数はどうか、異分野の教師の協働が可能か、ティーチングアシスタントの有無、少人数演習や習熟度別クラスが可能か、履修前レディネス調査が可能か、どの分野・ジャンルの文章を対象とするか、図書館や情報処理センターの連携を得られるか　等
PLAN: 目標とレベルを決める （学習者のニーズとレディネスはどのようなものかを探る）	B 今までの実践・研究や教材からの情報収集： 大学初年次教育・言語表現科目、留学生のための日本語・英語教育、テクニカル・ライティング分野　等の事例から　学習技術、論理的文章、分野別の文章　等の教材から
PLAN: 教材とシラバスを決める （学習内容を絞り込み、達成目標となる課題を決める）	C コース開始までに決めておくべきこと： 既製の教材か自主作成教材か、読み書きの訓練だけか口頭表現練習も含むか、学習目標から逆算して毎回の課題をどう配列するか、説明と活動の割合、評価方法・観点をどうするか、どの課題を評価対象とするか、課題提出方法・課題へのフィードバック方法をどうするか、目標となる「よい例」を明示するか、複数クラス間の自由度をどうするか　等
DO: 目標に向かって配列された課題を行いながら、調整する （進度調整や個別フォロー等）	D コースの途中で留意すべきこと： 学習者にとって進度・理解度はどうか、学習者は目標を把握しているか、脱落しかかっている学習者はいないか、ペアやグループでの活動はうまくいっているか、個々の学習者へのコメントやフォローをどうするか、担当者間の連絡・協働はうまくいっているか　等
SEE: 学習者の振り返りを求める （学習者からの授業評価や提案をコース終了前にもらう）	E 学習者から聞いておくとよいこと： 授業や教材への評価と改善提案、課題の難易度、課題への自己評価、ピア活動の感想、学習時間や負荷、学んだことともっと学ぶべきことの認識、つまずいた箇所とつまずきの克服方法、学習過程で利用したリソース、次年度履修する後輩へのアドバイス　等
SEE: 授業の振り返り・改善を行う （課題の達成度と学習者からの評価を分析し、次年度以降の授業・教材の改善をサイクル化）	F 次年度までにしておくとよいこと： 学習者の課題や学習状況・振り返りや評価の分析、担当者ミーティングと授業・教材の改善案の決定、シラバスや教材の修正作業、次年度担当者への引継ぎ、教授法についての研究会等への参加、他機関の担当者との情報交換　等

図1　コースの設計→実践→振り返り・改善のサイクル
（図の右側の吹き出しA～Eは、各段階で考慮すべき事柄や参考情報を示す）

点として、全体構成・段落構成の不十分さ、問題や内容の掘り下げの浅さ、引用の形式や体裁・レイアウトの不適切さ、単文・語彙・表記レベルの不適切さ（主語や動作主が明らかでない文、修飾節が長すぎる文、話し言葉の混在、誤字等）といった特徴が見受けられた。一方、体験をもとに意見を展開する部分は、ある程度明瞭に書けているケースが多かった。

　これらの特徴の中で、構造と内容面および引用の問題点は、「情報を吟味し、内容を掘り下げて、自分の考えを明らかにした上で、読み手に伝わるように構成を練って書く」という手順なしに、思いつきで書きつらねていることに起因すると思われる。また、体裁や表記の問題点は、「読み手に対する配慮が足りない」という点が共通している。誤字や悪文は、言語能力や言語知識の要因もある。だが、少なくとも推敲の習慣があれば、軽減するはずである。これらの観察から、この授業では「読み手を意識して書く」ことを中心的学習目標として選択することにした。

2.3　授業内容の絞り込み

　つぎに、授業で学習する内容を絞り込んだ。その際には、上述した学生レポートの問題点と先行実践や教材からの情報収集をふまえ、授業担当予定者間での話し合いを行った。書くことの指導には、授業の流れで大別すれば、（1）特定の／様々なジャンルの比較的短い文章を複数回課す、（2）ある程度の長さの文章を書き上げるプロセスを課題とする、という2タイプがありうる。対象学生の大半は受験のための小論文の指導を受けてきている。経験が相対的に足りないのは、情報を収集し、一定の期間をかけて長い文章を練り上げることであると考え、（2）の型を選択した。そして、「読み手を意識して書く」ために、「書く前に構成を練る」「書き終わったら推敲する」の2点を最低限クリアすべき目標とした。さらに、資料を収集して内容と情報を吟味し、反対の立場も考慮に入れて主張を展開していくことを目指すようにした。

　このような「構成」と「推敲」の作業を、文章を書く各段階において学習

者に実行させるには、注意事項を知識として与えるだけでは不十分だ。そこで、学習者自身が参加し体験する学習活動を毎回必ず行うようにした。このようにプロセスを重視したコースの中で、さらに「協働作文学習（ピア・レスポンス）」＝「学習者が自分たちの作文をより良いものにしていくために仲間（peer）同士で読み合い、意見交換や情報提供（response）を行いながら作文を完成させていく活動方法」(池田2004：37-38)を複数回盛り込んだ。

2.4 課題レポートの設定

　ライティングのコースの特質は、目標となる課題レポートをどのように設定するかによって規定される。授業で伝える内容は、課題となる文章のタイプに大きく左右される。学習者は、短期的には、大学の授業でレポートや卒業論文の作成を求められる。しかし、長期的には、職業人あるいは市民として、学術論文だけでなく、仕事や社会活動の場で得た情報をもとに企画立案、提言、報告等を行うことが必要とされる。そこで、本実践では、その両者を支える力、すなわち、書き手が関与する領域の情報を他者に正確に伝え、他者を論理的に説得する力を育成することをめざして、パラグラフ・ライティングの手法を踏まえ、課題レポートの形式を絞り込んだ。イメージは、情緒的・エピソード的でない提言型の投書（朝日新聞の「私の視点」欄等）の談話展開に、情報の出所を示す引用の表現形式を加えた論説文である。ここでは、これを「論証型のレポート」と呼ぶことにする。

　目標となる文章のジャンルや要求レベルは、この科目をカリキュラムのどの段階に配置するかによって異なってくる。大学入学直後の１年生科目であれば、オリジナルの実験・調査データや深い専門知識が無くても書けるような課題にせざるを得ない。このような段階で説明的な文章を課題にすると、資料の切り貼りになってしまいがちである。意見文を課題にすると、体験中心になりがちであり、表現や構成自体に独創性を持たせることが訓練の中心になる。しかし、将来の大学生活や職業生活で求められる学術論文や種々のレポートでは、主張そのものの独自性が重要であり、文や文章は多義性や曖

味さがないことが要求される。体験に基づく意見文では訓練課題として不十分である。そこで、本実践では、1年生にも作成可能な論説文として、情報の説明のみでなく、情報を検討した上での主張を展開する型の文章を、課題レポートとして設定した。題目としても、海・食・環境に関するテーマの問題提起を含む疑問文(例：ブラックバス放流は是か非か、食品添加物の表示は十分か、等)を要求した。また、参考文献として2冊以上の本を入れることも要求した。このように設定しておけば、単なる説明の切り貼りにならず、主張の妥当性を互いに吟味する必要性が生じる。読み手を意識し、情報と主張を正確かつ効果的に伝えるという訓練を行うことが可能になる。テーマの範囲や資料の質と量を加減することにより、難度も調整できる。

　ただし、これが「唯一のよいレポートの型」ではないことを、授業内で繰り返し強調しておく必要がある。大学初年次の段階では、文章の型は目的によって選択するものであるということ自体が、重要な学習項目だといえる。

　目標となる文章の型を決めておくと、押さえるべき点がはっきりするので、大人数のクラスの指導には便利である。設定した目標は、教師間の青写真にとどめず、学習者に明示的に伝える。さもないと、学習者は教師の頭の中の「よい文章」観を探りながら課題レポートを書き進めることになり、負担が大きくなる。本実践では、授業の目標を「資料・情報の収集、分類検討をし、自分の立場を明確にした上で、反論をふまえ、論理的に文章を展開するレポートを完成し、それに基づいて口頭発表を行う。完成レポートはPCで作成、2000～4000字、スピーチはレポートと同テーマで5分間」と設定した。それを教材やシラバスに提示し、「インターネットのみに基づくものは不可」といったしばりを添加した。しばりの強弱によって、課題の難度を調節できる。

3. PlanからDoへ―レポート作成プロセスの指導

3.1 学習活動の配列

　コース全体の学習目標と課題を設定したら、つぎには学習活動と活動内容の配列を行わなくてはならない。単なる「よいレポート」の指導では不十分である。学習者同士がお互いに書き手・読み手となりあう活動の中で「読み手を意識する」体験を積むためには、各回の授業に学習活動が必要になる。図2はコースの流れを時系列で図示したものであり、表1は①〜⑨のプロセスに沿った学習活動の配置を示したものである。ここでは、各回の授業課題をワークシート化（大島他2005参照）し、かつ構想・構成・推敲の各段階で学習者同士の協働作文学習を体験できるようにした。将来の読み手となる専門分野の教師や、図書館・情報処理センター等の学習支援組織が、随所でコースへ関与できるようにすることも、初年次の導入科目として重要である。

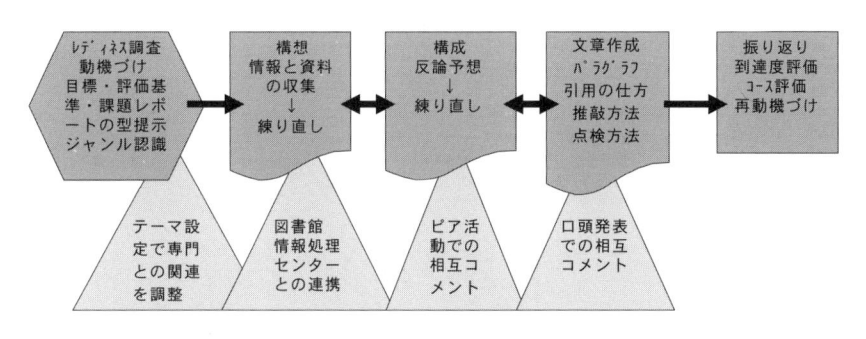

図2　コースの流れ

　活動の頻度や形態は、クラスのサイズによって調整する。この実践例では学科別に約30-50人規模の計9クラスを組織し、学習者の属する専門分野の教員と言語教育の教員とがチーム・ティーチングによって担当した。異分野間の教師の協働は、成功すれば、双方の強みが発揮できる。大人数のクラス

であれば、TA（ティーチング・アシスタント）の活用も必要になるだろう。

段階 (課・回)	学習活動	専門の教員の役割	学習内容と指導上で留意した点
①知る (1)	・レポートと作文等との違いを話す ・授業の目標と評価基準、課題レポートの型を確認 ・分析的読解	大学生活での文章や発表の必要性を説明	文章には目的ごとにジャンルがあることを知り、「作文、受験小論文、レポート」の違いを知る。教員からのメッセージとして、卒業論文等の到達目標を示すと、動機づけになる。アイスブレーキングも行う。
②練る (2)	・構想マップ・思考マップ ・お互いにテーマについて質問しあう	テーマ決めの重要性を説明	あるテーマが気になるという気持ちをばねに、時間的・能力的に書ききれる話題の中から、書くに値する問題として切り出す。ここでは、読み手に訴えるに値するテーマかどうか考える必要が生じるので、ピア活動での他者の反応が重要な役割を果たす。図書館や情報処理センター等の各機関の学習支援組織利用方法の導入と関連づけるとよい。
③調べる (3)	・情報収集 ・図書館の利用法紹介	情報検索時の注意	
④しぼる (4)	・「問いと答え」表作成 ・事実と意見の区別課題 ・目標規定文	テーマの適切性への助言	
⑤組み立てる (5、6)	・文章展開パターン課題 ・アウトラインを書く ・互いにアウトライン点検	専門分野の文章の構成を説明、学習者の構成への助言	「序論・本論・結論」の枠に沿ってアウトラインを作成する。多くの学習者は、この段階で「論証」への戸惑いを見せはじめる。ここでも、ピア活動によって筋道を読み手に説明し、読み手を説得できたかどうかの反応を見ることが学習の中心となる。
⑥書く (7、8、9)	・パラグラフを書く ・専門の論文を読む ・下書き、図表の作成 ・書式や文献リストの書き方 ・引用の仕方の練習	引用等のルール説明、作業中の助言	パラグラフ・ライティングと引用という新しい学習課題に直面する。ジャンルの慣習とその慣習の意味を知り、活用できるようにする。自分の書いた文章をメタ的に見ることが必要となる。さらに、PCスキルと時間管理の能力が求められる。学習者間で進度に差がつきやすいので、個別支援を要する。
⑦直す (10)	・語や文の推点検と推敲の練習と体裁の整え方	作業中の助言	
⑧発表 (11、12)	・発表練習、レジュメ・OHP ・パワーポイント作成 ・発表する／発表を聞く ・コメントシートを書く	クラス半数の発表運営・評価	話し方や機器、発表用ソフトウェアの使い方のみならず、発表することの意義を知ることが大切である。聞き手からもらうコメントを、推敲に生かせるようにつなげる。
⑨振り返る (13) (完成〜直しを含む)	・本文と図表の完成 ・PCで作成して送る ・書いたものを互いに推敲する ・コース全体で学んだことを振り返る	講評、今後の大学生活とこの授業との関わり	推敲のポイントを説明する。いったん完成させたレポートについて、学習者同士でもう一度推敲を行わせる。内容面と文章の形式面での講評を行うと同時に、今回論証しきれなかった部分に専門分野ではどのようにアプローチできるかを説明し、将来につなげる。

表1　書くプロセスに沿った学習活動の配列例[3]と指導上で留意した点

3.2 レポート作成プロセスの指導

　書くプロセスの中で何を行い、その指導の中で何に留意すればよいのだろうか。表1の右欄を見てほしい。このコースでは、レポート作成プロセスを一通りたどりながら、学習者が互いに書き手と読み手、話し手と聞き手になりあって、質問やコメントを出しあっている。それぞれの学習者が文章を書きすすめていくプロセスには、彼らが各自のテーマについて考えて「主張」を創出し、知識を配列しなおし、それを発信し、お互いに関与しあいながら、レポート作成途上の問題に対処するやり方が表れてくる。プロセスの中には、自己の課題への取り組み方自体を振り返る機会も設けると、効果的だろう。

　このようなプロセスでの指導においては、教師だけが「よい文章」を知っていて優先的に直すというわけにはいかない。教師は文章形式と内容知識面の説明や助言を行いつつ、質問者やペースメーカーとなり、学習活動の目的を示して動機づけ・方向づけを行い、学習者間の関係構築を図る必要がある。

　また、本来異なるはずの個々人の書くプロセスを揃えて進行することになるので、行きづまりやすい学習者に個別に対応する時間を設けることが望ましい。そのような支援があれば、非母語話者と母語話者間でも、文章の意味内容をめぐる書き手・読み手間のコメントのやり取りが十分に可能になる。

4. See ―実践からの示唆

　実践を振り返るため、コース修了前に学習者からの評価（図1吹き出しE参照）を求めるとよい。本実践でのアンケートでは、多くの学習者が、テーマの絞り込み、図書館での専門書の検索、構成の練り直し、適切な引用、提出までの長い時間の自己管理、機器を用いた発表、等の各段階で、戸惑いや難しさを感じていた。これらを授業改善（図1吹き出しF参照）に結びつけたい。

一方で、コース修了後の学習者の達成感は大きく、アンケートにも、「アウトライン作りをしたことで、構成を考えて書けるようになった」「レポート構成やパラグラフ・ライティングなど新しいスキルが身についたと思う」といった文章作成の手法獲得についてのコメントが多数あった。さらに、「客観的な視点を意識するようになった。主張をつづける文というより、1人ディベートのような文を意識するようになった」「自分では気づかないことが他人の指摘により知れた」「前は「本に載っていること」は正しいと思ったが、この授業を通じて、ものごとは両面性があるとわかった」など、複眼的視点や読み手配慮の姿勢の獲得が示唆されるコメントもあった。また、「やる気が大切」「文章を書く能力がないとどの教科もつらい」などの学習管理の姿勢についても気づきが見受けられた。

5. 今後の課題

　実際は、学習者には達成感が見られたとはいえ、半年間の授業で十分な日本語表現能力が急速についたとは言いがたい。とはいえ、大学初年次において、互いに書き手と読み手、話し手と聞き手になりあうこと、「引用」と「論証」の体験を通じて「情報」の質について再考すること、自己の問題意識と長期の学習を管理する体験をしておくことの意義は大きいといえる。

　設定した目標に対して成果をあげるためには、機関の状況と科目の目的に応じたコースの設計が必要となる。ここで紹介した実践は、テーマ、文章の型、ピア・レスポンス、資料の探し方のどれについても、多くの1年生にとって初体験であり、その意味では課題の負荷が比較的大きいものである。難度の調整には、たとえば、テーマを既知のものにする（概論科目で学習したテーマを扱う等）、参考文献をあらかじめ指定する、文章の長さを短くする、ITスキルの習得後に行う、等の方法で学習負担を軽くすることも可能だろう。また、ライティングを行う科目と他の概論、基礎ゼミ、情報処理等の科目とのリンクによって、言語形式面のみでなく、内容的知識面、スタディスキル

面の学習を充実させつつ行うことも考えられる。

　その機関でそのアカデミック・ライティング科目にどのような役割を期待するかによって、コースの設計は変わってくる。井下（2005：103）は、書き方のスキル学習では「どう書かせたら知識の構造化につながるのかという教授法から最適なコースをデザインし、それをカリキュラムに位置づけていくことが必要となる」と述べ、「一人のあるいは一つの授業枠でデザインされる授業論ではなく、カリキュラム論として論じていかねばならない。」と主張している。大学初年次日本語表現科目におけるアカデミック・ライティングのコース設計については、それぞれの機関での科目の位置づけと目的に応じた応用型の開発が、今後の課題といえる。

注
1. ここで Plan-Do-See とは、課題解決のために、計画→実践→振り返り・改善のサイクルを繰り返す手法のことを指す。
2. この実践は日本語母語話者大学生が主対象だが、学部留学生も同一クラスで履修していることから、留学生科目にも応用可能な形態と考える。
3. 本実践の学習項目は、特に木下是雄（1994）から、目標規定文、事実と意見の区別課題、構成（序論・本論・結論）、アウトライン、パラグラフなど、多くのアイデアを取り入れている。構想マップ・思考マップは、入部（1996, 2002）、荒木・向後・筒井（2000）から、コメントシートは、荒木（1999）から想を得ている。このコースデザインは、担当講師全体の討議の結果である。特に、ピア・レスポンスは池田玲子氏、影山陽子氏の発案であり、方法は池田（2004）に詳しい。パラグラフの指導案は、主に加納なおみ氏、大場理恵子氏の発案による。個々の学習活動の詳細は、大島他（2005）を参照されたい。なお、図中の「段階」欄の（　）内の数字は、半年間の授業にどのように学習項目を配分したか（全13回の場合の例）を示す。

参考文献

荒木晶子 1999「日本語口語表現法の実践指導方法と留意点」『大学教育学会誌』, 20(2), 135-140. 大学教育学会

池田玲子 2004「日本語学習における学習者同士の相互助言（ピア・レスポンス）」『日本語学』, 23(1), 36-50. 明治書院

井下千以子 2005「学士課程教育における日本語表現教育の意味と位置―知識の構造化を支援するカリキュラムの開発に向けて―」『大学教育学会誌』, 27(2), 97-106. 大学教育学会

大島弥生 2003「日本語アカデミック・ライティング教育の可能性―日本語非母語・母語話者双方に資するものを目指して―」『言語文化と日本語教育』, 2003年増刊特集号, 198-224 お茶の水女子大学日本言語文化学研究会

大島弥生 2004「専門科目の教員と言語の教員とのチーム・ティーチングの中での指導と助言」『日本語学』, 23(1), 26-35. 明治書院

大島弥生 2005「大学初年次の言語表現科目における協働の可能性―チーム・ティーチングとピア・レスポンスを取り入れたコースの試み―」『大学教育学会誌』, 27(1), 158-165. 大学教育学会

大島弥生・池田玲子・大場理恵子・加納なおみ・高橋淑郎・岩田夏穂 2005『ピアで学ぶ大学生の日本語表現―プロセス重視のレポート作成』ひつじ書房

教材作成の際に参考にした主な教科書・解説書等

荒木晶子・向後千春・筒井洋一 2000『自己表現の教室』情報センター出版局

学習技術研究会 2002『知へのステップ―大学生からのスタディ・スキルズ―』くろしお出版

浜田麻里・平尾得子・由井紀久子 1997『大学生・留学生のための論文ワークブック』くろしお出版

入部明子 1996『アメリカの表現教育とコンピュータ』冬至書房

入部明子 2002『論理的文章学習帳 コンピュータを活用した論理的な文章の書き方』牧野出版

木下是雄 1981『理科系の作文技術』中央公論社

木下是雄 1994『レポートの組み立て方』筑摩書房

二通信子・佐藤不二子 2000『留学生のための論理的な文章の書き方』スリーエーネットワーク

斉山弥生・沖田弓子 1996『研究発表の方法 留学生のためのレポート作成・口頭発表の

準備の手続き』産能短期大学
高橋昭男 1997『仕事文の書き方』岩波書店
山崎信寿・富田豊・平林義彰・羽田野洋子 2002『科学技術日本語案内　新訂版』慶應義
　　塾大学出版会

第Ⅲ部 大学、学校、社会をつなぐ

　第Ⅲ部は、異なる領域で「ことばの教育」にたずさわってきた著者たちの多様な論考を集めました。日本語表現からインターネット、NPOに広がる教育（筒井洋一）、実用文やeラーニングをワークショップ形式で考える教育（向後千春）、メディア・リテラシー教育の実践を通して国語教育を再考する論考（中村敦雄）、そして、すべての市民のための日本語の教育（加藤哲夫）…最後は日本語教育から市民の教育を見据えた論考（三宅和子）でまとめられています。それぞれの著者が、自らの立ち位置を意識しつつアカデミック・ジャパニーズを語るとき、その相互の響きは不協和音ではなく、大学、学校、社会へとつながる協和音となって奏でられていることに驚きさえ感じられます。

「共通する視座」の発見
日本語表現、インターネット、NPO、をつなぐもの

筒井　洋一

1. はじめに

　本章では、日本語表現[1]が他の専門分野と出会ったことで新しいブレイクスルーが起き、そのつながりから大学に関する「共通する視座」が生まれたことを述べる。その例として、私がこれまで経てきた日本語表現、インターネット、NPOと、アカデミック・ジャパニーズとの出会いを取り上げる。

　現在の私の専門分野は何かと尋ねられたら、日本語表現、インターネット（メディア）、NPOの3つであると答える。もちろん、私は、これら3つの専門分野への取り組みを同時にはじめたのではない。本来の専門分野が国際関係論であった私が、1990年代初めの大学改革の中で、初年次教育としての日本語表現を提案したのである（この提案は単なる思いつきではなく、これまでの実践からの帰結であったが、これについてはここでは省略する）。しかも提案するにはとどまらず、1993年から科目責任者（責任者代理も含む）および担当教員となったことですべてが一変した。ここから新しい専門分野への旅立ちがはじまったのである。すなわち、1994年からインターネットに、そして、1997年からNPOに関わるようになった。それぞれとの関わりはまったく異なるきっかけであったが、結果的にはその関わりが日本語表現の発展に大きく寄与したのである。

つまり、大学の初年次教育(新入生向けの学習・生活支援プログラムのこと)として開設された日本語表現は、多くは非専門家による切羽詰まった実践としてはじまったのである。ところが、経験も専門的な知見も欠如した非専門家ばかりの実践であったために、他分野の知見や方法論を吸収することなしには進まなかったのである。

そのプロセスを節に沿って説明すると、次のようになる。まず、大学の初年次教育として日本語表現を実施したが、文法中心の授業目的から、コミュニケーション重視の授業目的へと変化していった(第2節)。次に、インターネットの教育利用に関わったことで、(教師の一方的な講義ではない)多様な実践授業方式を取り入れることができた(第3節)。そして、NPO活動と関わることで、「ことば」は自己を表現し、実践するツールであることを学んだ(第4節)。さらに、様々な専門家が参入することで、日本語表現の学問的検討がはじまってきたのである(第5節)。

これらを踏まえて、私は、日本語表現の新しい定義を提案した(第6節)。そして、日本語表現は、インターネット、NPO、そして近年のアカデミック・ジャパニーズ[2]との出会いによって、「共通する視座」を発見した。こうして発見された「ことば」は、大学教育にとどまらず、社会においても重要となる(第7節)と結論づけたのである。

2. 日本語表現の出発 —もはや「言葉」ではない、「ことば」だ

大学の初年次教育としてはじまった日本語表現であるが、現在の教育目標はもはやスキル教育ではなく、コミュニケーションを学ぶことである。これについて、以下に説明する。

教養教育の抜本的な改革計画を策定する学内委員会に所属していた私は、1991年に、「言語表現」科目の創設を提案した。富山大学で創設されたこの科目は、「読み、書き、話す、調べる、を少人数の実習形式で学ぶ授業」と

位置づけられた[3]。この科目は、現在では、日本語表現と総称されて全国的に設置されている類似科目の先駆けである。

　科目創設当初に大学幹部から求められたことは、「学生が文法的に正しい文章を書けるようにしてほしい」ということであった。確かに学生の答案やレポートには文法的な間違いが多発していたため、それを直したいという大学の意向を受け入れることにした。そこで、私は、創設当初の授業では文法的な正しさを中心に据えることとなった。しかし、実践を重ねる中で、その方針に疑問を持ちはじめた。つまり、初学者の場合、文法的な正しさを求めるよりも、学生が書こうとする意図を、学生・教師間で相互に理解するプロセスの方が重要ではないかと思ったからである。

　このように日本語表現の授業目的は、文法的な正しさを求める「言葉」の教育から、書き手の意図を学生と教師が相互に理解していく「ことば」の教育へと重点が移っていった。書く喜びや表現する喜びを体得した学生は、やがてよりわかりやすい表現を身につける必要性を感じるであろう。その段階になって文法的な添削をおこなっても決して遅くはない。要は、学生自身が本来持っている意欲を引き出すことが重要なのである。もちろん、「言葉」と「ことば」のどちらを教えるか、という単純な選択ではないにしても、いずれを主体にするかは、授業哲学において決定的な岐路となったのである。

　けれども、たとえ「ことば」の教育を選択するとしても、その教育をどう進めるかについては、依然、手探りの状態であった。その突破口は、他の専門分野との出会いにあった。それについては次節以後に詳述することにする。

3. インターネットは実践授業方式の宝庫だ

　インターネットの教育利用を経験する中で、日本語表現に多様な方法論が導入された。それが日本語表現の発展に貢献したのである。これについて、以下に説明する。

日本語表現を初年次の必修に近い科目として運営する場合、通常の講義のように、担当教員が多数の学生を相手に一方的に講義する方式には無理がある。その第1の理由は、学生が実作によって表現力を高めるためには、実習が主体となる実践授業方式をとる必要があるという点である。第2は、学生の実作過程において教師と学生とのコミュニティー作りが重要となるため、教師が講義する方式よりも、教師と学生とのやりとりがおこなわれる授業方式の方がふさわしいという点。第3は、必修的なこの授業を担当する教員は、FD（Faculty Development）活動（教育・研究に関する教員の能力向上に向けた活動）に参加して多様な授業改善の方法を学ぶ必要があるためである。以上の理由から、日本語表現は新しい授業方式を模索することになったのである。

　私は、1995年からインターネットを活用した海外とのネット授業に乗り出し、約5年間継続した（この試みはわが国の文科系ネット授業の先駆けとなった[4]）。この経験から、インターネットの世界では、実習やグループワークなどの実践授業方式が一般的であることを知った。メーリングリスト、掲示板、テレビ会議は、授業外における担当教員と受講生との交流を図るために活用されていたし、遠隔地とのインタラクティブなやりとりも可能になった。

　こうしたインターネットとの出会いによって、私は、日本語表現の授業方式を多様化することができた。現在でもなお、教師・学生間のコミュニケーションをはかるためにインターネットの新しいツールを導入している。たとえば、受講生とのコミュニティー作りとして、「はてな」や「mixi」などのSNS[5]（ソーシャル・ネットワーク・サービス）や、アイデアを視覚化するためのマインドマップのツールを活用している。その目的は、単にツールの導入自体に意味があるのではなく、むしろ新しいツールの導入によって、学生が入り込みやすいコミュニティー作りを模索したり、実作プロセスをわかりやすくすることである。このようにインターネットの教育利用の成果を取り入れることで、「ことば」の教育に関する授業内容・方式を多様化すること

ができたのである。

4. NPO活動が教えてくれたこと―自己実現のために学ぶ

　「何のために文章を書くのか」という書く動機が明確になれば、文章の表現力は豊かになる。それは、市民が自己実現のためにNPO活動をすることから学んだことである。これについて、以下に説明する。

　当初、私は、学術レポートの作成という形式を重視していた。学生が苦手としているレポートの形式を説明して、それを理解すればレポートを書くことが苦にならなくなると教えていた。けれども、「なぜレポートを書くのか」を考えた時に、本当にその方法でいいのかどうかは自信がなかった。
　その疑問を解いてくれたのが、1995年阪神・淡路大震災以後のNPO活動である。それ以前の多様な市民活動（平和運動、国際協力活動、人権運動など）の多くは、政府や企業の行動やそこから生じた害悪を批判する運動であった。
　しかし、震災以後に広がったNPO活動は違っていた。すなわち、政府や企業の不正や害悪が明らかになった時には、それを批判するだけでなく、自ら改善に向けて動き出したのである。しかも、それに関わる市民の動機も異なっていた。以前の市民活動では、たとえば環境破壊や権利剥奪によって苦しんでいる被害者（他人）に対する同情から出発して、他人の利益達成のために行動する利他的な動機が普通であった。
　ところが、NPO活動に関わる市民の場合、利他的な動機も多々あるにしても、それに限らずその活動に関わることによって自己実現を達成したいという（利他的と対比する意味での）利己的な動機も強かった。かれらの活動の源泉は、他人ではなく、自らの生きがいを達成するという自分自身の充実感である。もちろん、その動機が自己満足に陥る懸念もないわけではないが、それ以上に行動の源泉を自分自身の充実感に置くという考え方は、「何

のために書くのか?」という疑問を持っていた私には、目が覚める思いであった。
　そこで、次のような流れで、この疑問を整理することができた。

　　　「書くこと」本来の目的は、自分自身が充実感を得るためである
　　　　　　　　　　　　　　　↓
　　　充実感を得るためには、自分自身が前向きな人生を送ることである
　　　　　　　　　　　　　　　↓
　　　前向きな人生とは、自分の夢を実現することである

　このような整理ができて以来、私の授業目的は、「自分自身の夢を実現すること」となった。もちろん、表向きの目的は、「学術レポートが書ける文章力の育成」であるが、授業では、「自分自身の夢を実現するために書く」という意図をはっきりと打ち出している[6]。
　この意図を自覚することなしに、レポートの形式を学んでも、しょせんは長続きしない。「書くこと」や「話すこと」を学ぶのであれば、自分にとって役に立ち、かつまた切実な目的に取り組むことが一番好ましい。これによって、学生の視野がより広く、かつ遠くに広がり、学生時代の学びが夢の実現と結びつけられるであろう。
　それ以後も、私は、夢の実現を課題にして、様々な角度から学生の意欲を引き出すようにしている。たとえば、今年、次のような夢を書いてきた学生がいた。彼女は、これまで一度もディズニーランドに行ったことがないが、多くの人がここでしか体験できない「動くディズニーランド」を作りたい、という夢を語ってくれた。
　たしかにこの夢は、突拍子もないかもしれないし、実現できないかもしれない。しかし、本人が望むのであれば、実現するように努力する価値は十分ある。こういうやりとりのなかで、過疎地の学校を拠点とした移動式エンターテインメント構想を書き上げた。夢を語ることが素晴らしいことだとい

うことがわかってくると、他の学生からも夢が次々あふれ出てくる。こうした夢を育てていき、それをどう「ことば」で表現するかが授業目的となるのである。

　以上のように、第2節の最後に発した「ことば」の教育をどう進めるかという問いに対して、第3節と第4節で具体策を提案した。すなわち、第3節では、私自身がこれまで取り組んできたインターネットの教育利用から得た教訓として、授業方式や授業内容の多様性という方法論を提示し、第4節では、NPO活動をする市民の動機の特性に注目しながら、自己実現のために書くという「書く動機」の重要性を指摘した。しかし日本語表現が、他の科目と同様に、アカデミックに位置づけられるためには、日本語教師などの専門家の参加が不可欠であった。第5節では、その重要性について説明する。

5. アカデミック・ジャパニーズの誕生
　　―もはや日本語教育は、留学生のためだけではない

　かつては留学生を教えていた日本語教師が、「ことば」を教える専門家として日本人学生も教えはじめてきた。また、それ以外の専門家も日本語表現に参入してきたことで、学問的な基盤ができつつある。これについて、以下に説明する。

　大学における日本語教師は、かつては留学生に日本語を教える教員と思われ、当事者もそれを使命と思っていた。しかし、その経験と方法論は、日本人学生の日本語能力を向上させることにも役に立つ。それは以下の理由による。
　日本語教師は、第1に、学生が「知らないこと」を前提にして、学生が理解できるように教えようとする。他分野の教員であれば、「知らない」ことを学生の責任に転嫁することで教員の責任を回避しうる。けれども、日本語

教師はわかるまで教えることを使命としている。第2に、日本語教師は、多様な教材や実習的な授業方式を駆使して、学習者側の理解度に応じた教育をおこなうことができる。教育方法や教育内容における多様な選択肢を持っていることは、学習者の理解度を高めるのである。第3に、日本語教師は、講義室内の学生を把握するだけでなく、学習・生活環境を含めて学生を把握しようとする。

このように学習者側の視点を中心にした日本語教師の教育姿勢は、教授者側の都合を優先しがちな他分野の教員とは大きく異なっている。日本語教師の留学生に対する教育経験や方法論は、今や、日本人学生に対する教育には欠かせないのである。

確かに日本人学生のコミュニケーション能力を向上させることは焦眉の課題である。これまで日本人学生は、それ以前の学校時代において、文章・口頭表現力を向上させる十分な教育を受けてこなかった。そこで、日本人学生は、こうした教育を受ける必要があるのである。

ところが、可能性を秘めながらも、日本語教師が初年次教育において日本人向けに本格的に教えはじめたのは、つい最近のことである。既に私は、1990年代初めから日本語教師の参加を求めていたが、かれらが留学生を教育するというこだわりから抜け出るのには予想以上に時間がかかった。

それはともかく、近年、徐々に日本人学生向けの教育が本格化するにつれて、彼らはアカデミック・ジャパニーズという研究グループを作り、外国人向けに開発してきた授業内容・方法論を日本人向けに広げはじめている。日本語教師が日本語表現に参入したことは、日本語表現の教育・研究双方にとって歓迎すべき事である。かれらは、「ことば」を教え、その成果を学問的な業績とすることができる専門家である。

さらに、インターネットの教育利用とあいまって、その他の専門家も参入してきた。これまで「言葉」の教育とは距離があった理科系教員、大学教育を研究対象とする心理学者、大学外から大学教育との接点を持ちはじめた教育産業や企業の関係者も増えてきたのである。彼らの関心は、文法的な正し

さを求める「言葉」の教育ではなく、コミュニケーション・ツールとしての「ことば」にある。かつては非専門家が中心になって日本語表現を運営してきたが、「ことばの教育」の専門家が参入することによって、大学教育における「研究対象としての日本語表現」がようやくはじまってきたのである[7]。

　以上のように、「ことば」の教育にとって不可欠であった、教育内容・方法論の豊富化、自己実現のために表現するという動機、それに専門家の参入という条件が整備されてきたことで、日本語表現はさらなる発展が可能となったのである。

6. 日本語表現の定義

　日本語表現が今後一層の発展をするためには、他科目との区別を明確にし、先進的な意義を定義化する必要がある。これについて、以下に説明する。

　今後、日本語表現はさらに多様な展開をし、その特徴をめぐって様々な議論がおこなわれるであろう。私は、これまで富山大学の言語表現科目を元にして、日本語表現とは、「読み、書き、話す、調べる、を少人数の実習形式で取り組む授業」と定義づけてきた。日常的にはこの定義でも構わないが、他科目との区別をより明確にし、この科目の先進的な意義を明らかにするために、より詳細な定義を提案したい。具体的には、日本語表現は、以下の3点の特徴を持つ科目である。
　すなわち、
　1.「ことば」を通じた相互理解のプロセスである。
　2.「ことば」とそれが使われる背景を含めた生活環境を対象とする。
　3. 実習やグループワークなどの実践授業的な方法論を主体とする。
というものである。
　第1点は、第2節で論じたように、文法的正しさを教える教育（「言葉」

の教育)ではなく、コミュニケーション・ツールとしての日本語教育(「ことば」の教育)である。学生の作品を文法的に正しくすることが主眼ではなく、日本語を媒介として、教師と学生が相互理解を通じて学び合うプロセスを意味している。

もちろん、そのプロセスにおいては、文法的なアドバイスをすることも学生が作品を実作することも含まれる。けれども、最終目的は、学習プロセスにおいて、学習者と教授者とが学びのコミュニティーを作り上げることである。

第2点は、第1点とも関連するが、「ことば」を発する学習者が置かれた生活環境全般を考えることである。授業中の学習者が発する「ことば」は、授業外での学習者の生活環境とも関連している。それを把握しながら相互理解を深めることである。

第3点は、日本語表現の方法論的な特徴を提示している。他の講義のように、教員による一方的な講義形式ではなく、多様な授業内容・方法論を主体としている。もちろん、教員の講義も場合によれば必要であるが、授業の主体が、教師・学生間、学生どうしで相互に高め合う実践授業にあることを明確にしたいのである。

上記3点の特徴を持った科目を日本語表現と定義する。これら3点をまとめてより簡潔な定義を作成できるかについては今後の検討課題となる。ただ、こうした定義化する過程で、1点だけは判断に迷った。つまり、第4節で語ったような「書く動機」を定義に入れるかどうかである。私自身は、授業目的として、自分の夢を語り、自己実現のために書くことを明確にすることが必要だと思っている。けれども、実際に多くの大学でおこなわれている授業では、レポートの形式を中心に教えることが多いため、それを否定することはできない。そこで、これらも日本語表現の授業に含めて、その代わり、「書く動機」を定義に入れることはあえてはずした。こうした判断や定義に関して、ご意見を頂ければ幸いである。

7. われわれは、「共通する視座」を発見した

　様々な分野から日本語表現に加わってきた人々は、その経験から「共通する視座」を発見することができた。その「ことば」は、大学だけでなく、社会や市民にとっても必要な「ことば」である。これについて、以下に説明する。

　1990年代初めに出会った日本語表現をはじめとして、その後に関わるインターネット、NPO、そして日本語教師との出会いは、社会科学者である私が、他の専門分野の人々との間で「共通する視座」を見出した旅でもあった。それは、隣接分野である経済学や法律学との出会いでは得られなかった「ことば」の体験であった。日本語表現を通じて出会った多くの人々は、他分野の研究者や企業・教育産業の関係者であったが、かれらとは、異質性よりも、むしろ共通性を実感した。

　かれらとの出会いのきっかけは、大学の授業改善についての意見交換であった。けれども、そこで交わされた話題は授業改善にとどまらず、大学のあるべき姿へと広がっていった。そこでは、細部の相違はあったとしても、教員の役割変化、大学が育成すべき人材、社会と大学との関係について、大枠で共通したイメージを持っているのがわかる。

　すなわち、大学および大学の授業は、社会から孤立したものではなく、社会とのつながりのなかで考えるべきである。学生は、高校までの学校時代から、大学を経て、社会へと巣立っていく。また、就職後に、大学に（再）入学する社会人学生や、海外からの留学生もいる。ライフコースの一環としての大学という視点から大学を見ると、社会の重要な通過点であり、拠点となるためには、次のような変化が求められる。

　第1は、教員の役割である。教員は、既に体系化された知識の教え込みではなく、学生がこれから実現したいことや表現したいことをいかに引き出すのかというコーディネーターとしての役割が求められる。授業で表現スキル

やリサーチ法を教えるのは、その引き出し方を円滑にするためであり、それらを有効に活用することで学生の表現力を高めることができる。そこで、教授法改善のために、教員は、FD活動にも積極的に参加して、改善する必要がある。

　第2は、大学が育成すべき人材についてである。大学は、かつてのように、学者の養成機関でも、特定分野の知識しか持たない人材を育成する機関でもない。むしろ、表現スキルとリサーチ法に裏付けられた実践力を育成する場である。ワークショップやインターンシップは実務経験を積むためには不可欠であり、大学と社会との間を往復する経験は将来に生きてくるであろう。

　第3は、学びのコミュニティーとしての大学の役割である。大学は、カルチャーセンターのように知識を与えるだけでも、資格取得のための各種学校でもなく、新しい学びを提供する場であるべきである。すべての大学にはそれぞれ特徴がある。その特徴を生かしながら、市民にとって、不可欠な知識とは何かを気づかせ、市民自らが行動しはじめるような仕組み作りである。そのためにも、表現スキルとリサーチ法を教え、市民の学びへの気づきを掘り起こすことが不可欠である。

　私は、日本語表現に関わる人々と、以上のような大学の変容について語り合うことがある。様々な分野から参入してきた人々であるからこそ、大学のあるべき姿について相互に理解することが不可欠である。かれらは日本語表現という「ことば」に出会い、そこから「共通する視座」を発見したのである。この体験が、今や大学から社会へと広がろうとしているが、実は、大学の「ことば」は、社会の「ことば」であり、市民の「ことば」でもある。「共通する視座」の旅は、このようにしてさらに広がっていくのである。

注
1. 全国的には、日本語表現、日本語表現法、日本語表現論、言語表現など様々な科目名が存在しているが、本稿では、これらすべての上位概念として「日本語表現」という用語を使用する。その理由は、全国的な総称として「日本語表現」を使ってもおかしくないほど一般的な用語となっているためである。
2. アカデミック・ジャパニーズの概念については、本書門倉論文を参照のこと。
3. 言語表現科目の創設プロセスおよびその後の展開については、筒井（2005）参照のこと。
4. この授業については、筒井（1999）参照のこと。
5. SNSとは、新たな友人関係を広げることを目的に、参加者が互いに友人を紹介し合い、友人の関係、個人の興味・嗜好等を登録していくコミュニティ型のウェブサイト。定義については以下を参照のこと。http://www.soumu.go.jp/s-news/2005/050517_3.html
6. 1997年頃からは、授業シラバスにこの点を明記している。この点については、筒井（2005）参照のこと。
7. この点については、筒井他（2005）で既に指摘している。

参考文献

筒井洋一 1999「国際関係におけるインターネット活用の意義―海外との共同授業を例にして―」『コンピュータ＆エデュケーション』, 6, 29-36. CIEC（コンピュータ利用教育協議会）

筒井洋一 2005『言語表現ことはじめ』ひつじ書房　pp.23-37

筒井洋一・向後千春・三宅和子・中村恵子 2005「アカデミック・スキルズ教育とその将来―学びの意味を考える教育に向けて―」、『大学教育学会誌』, 27(2), 56-60. 大学教育学会

市民としての表現力養成

向後　千春

1. 社会人は何を求めて大学に戻るか

　大学で学ぶスタディ・スキル（学ぶ技能）とリサーチ・スキル（研究する技能）こそが社会人になっても役立つ技能にほかならない。eスクール（早稲田大学人間科学部通信教育課程）で多くの社会人を受け入れて明らかになったことは、常に流動的・状況的である現場で働いている人たちは、最新の知識とともに、学問的な理論とその根拠を求めているということである。さらにはそれを的確に表現し、伝えることのできる、主に文章表現のスキルが求められているのである。

1.1　社会人から見た大学

　早稲田大学人間科学部は、2003年にフルオンラインのeラーニングによる新しい課程を開設した。この課程は、文部科学省に「eラーニング課程」という分類がいまだないために、通信教育課程という伝統的な名前がついてはいるけれども、実習系の科目を除けばすべての科目をインターネット経由によるeラーニングで受けることのできる、最新の、そして日本で初めての課程である。通信教育課程という名前は、郵送されたテキストによって自習し、レポートを送って単位を取得していくという伝統的な学習方法を連想さ

せるので、人間科学部では「eスクール」という愛称をつけて、eラーニングによる最新の学習ができる課程であることを強調している。

　eスクールは、1学年あたり150人前後の学生を受け入れて順調に進んでいる。学生の属性は、過半数が社会人であり、20歳代の学生はむしろ少数派になっている。しかも、多くのeスクール学生はすでに一度大学を卒業している。現時点では大学の途中から開始する編入制度がまだできていないため、1年生からの受講になる（eスクールの完成年度である2006年度以降は編入制度ができる可能性がある）。一度大学を卒業したにもかかわらず、もう一度eスクールに入り直す人が多いことに驚く。その理由は何なのか。

　さまざまな機会を捉えて、その理由をeスクール学生にたずねた。そうしてわかってきたことは、社会に出て現場の第一線で働いている人にとって、大学に求めることがあるとすれば、最新の知識のアップデートということであり、さらに重要なことは、自分が仕事としてやっていることが学問全体の枠組みの中ではどのように捉えることができるかという理論的な背景であるということである。社会に出て、仕事を持って生産するものはそれが製品であれ、サービスであれ、常に市場との相談によって決まってくる。つまり、市場という状況的かつ流動的なものに大部分が規定されてしまう運命にある。そのため、自分の携わっている仕事の意味を見失わせてしまう危険性が常につきまとう。自分の仕事の意味を見いだすこと、ひいては自分の人生の意味を見つけ出すためには、それを一段大きな枠組みによる世界観によって見直すことが必要なのである。それを大学に求めて、多くの人が大学でもう一度学ぶという選択をする。

1.2 スタディ・スキルとリサーチ・スキル

　大学が学習者に伝えるべき中核にあるものはスタディ・スキルとリサーチ・スキルである。スタディ・スキルは、学ぶことの技能を意味している。情報化社会となった現代では、大学はもはや最新の知識をただ与えるという機能だけでは成立しない。そうではなく、最新の知識をどのようにして入手

し、そこから学んでいくかという技能を学ぶのである。つまり、「学び方を学ぶ」ことがスタディ・スキルである。もうひとつは、リサーチ・スキル、つまり、研究することによって知識を生産する技能を学ぶことである。どんな学問分野にあっても、この2つのスキルこそが学習者が身につけるべき中核的なものとなる。

　スタディ・スキルとリサーチ・スキルを大学教育のゴールの中核としたとき、それはどのように測られ、評価されるのであろうか。それは最終的には「書かれたもの」によって測られるだろう。卒業論文や卒業研究は、スタディ・スキルとリサーチ・スキルが統合された形での成果を測る課題として設定されてきた。先人の成果を学び、今度は自分の研究によって知識を生産するのである。そして、それは最終的には「書かれたもの」によって評価される。書くスキルそのものはスタディ・スキルとリサーチ・スキルには直接関わらないかもしれないが、それらが最終的には書かれたもので評価される限り、書くスキルはスタディ・スキルとリサーチ・スキルの下位スキルとして必須なものとして位置づけられる。

　つまり、スタディ・スキルとリサーチ・スキルには常に書くスキルが含まれている。その意味で、卒論の研究をやったはいいが、いざとなると「書けない」というのは、どこかおかしいのである。研究するという過程に常に書くスキルを要求する課題が含まれていなければならない。つまり、学んだり研究したりする活動は常に書くという活動を含んでいるようにデザインされていなければならない。書きながら学び、学びながら書くのである。

1.3　書くことで始まり、書くことで終わる

　何かを企画するにも、まずは書くことで始まる。そしてそのイベントが終わり、それを振り返り、未来につなげていくためには、書いて残すことが不可欠だ。それは、大学であろうが、社会であろうが、共通である。しかし、大学での書く訓練は圧倒的に不足している。多くの学生が、レポートが書けない、卒業論文が書けないと苦しんでいる。そもそも書くことが苦手な学生

が圧倒的に多い。それは学力低下というような問題ではなく、ただ大学の中で書くためのスキルをトレーニングしていないということに起因する。それを訓練する教員がいないか、いてもごくわずかなのである。

　社会に出てから、書くことが要求されると、苦手だという理由で逃げ腰になる人が多い。それは、大学で書くことを訓練されてこなかったということの結末である。書く訓練という実質的なニーズに気づいた大学は、その対処を迫られた。それは直接的には、書けない大学生の大量出現という現象であったが、帰結として明らかになったことは、大学が学生に伝えるべきものは、書くことによって考え始めるというスキルであり、自分の仕事に終結を与えるために書くというスキルであるということであった。

2. 大学での「言語表現」の実践

　スタディ・スキルとリサーチ・スキルの基礎となる書くスキルを、明示的に訓練してこなかったことに気づいた大学は、そのための科目を設けていった。それは、「日本語表現法」や「言語表現」というようなさまざまな名称ではあったが、その意図するものはひとつであった。筆者がそのときに働いていた富山大学での言語表現科目の展開を述べていきたい。

2.1　富山大学の言語表現

　向後（2000）は、「書く技能、話す技能の先送りシステム」が日本の小学校、中学校、高校、大学で働いていると指摘した。本来は、これらの各教育段階で、適切な書き方・話し方が訓練されるべきであるのに、次々と先送りされてしまう。最終的には、次のような事態で問題があからさまになる。

　　大学の卒業時には、再び高校と同じことが繰り返されている。就職試験を目の前にして、志望動機を書かなくてはいけない。また、面接においては、質疑の受け答えで良いところを見せなくてはならない。……もし大学

在学中に、書く技能と話す技能がきちんと訓練されていたならば、あわてる必要はない。自信をもって臨めばいいだけのことだ。しかし、その自信がないということがすべてを物語っている。　　　　　　　　（向後 2000）

　富山大学では 1993 年度から全学部必修の教養科目として「言語表現」を立ち上げた。それは情報処理科目との選択ではあったが、全学生の 3 割が履修し、1 クラス平均 20 人前後の少人数制によって運営された。その結果、教養科目全体の中で上から 4 分の 1 以内にはいる高い評価を受講生から受けた (向後 2002)。言語表現という科目の立ち上げを皮切りに、他の大学でも書く技能・話す技能を直接に訓練しようとする科目が次々と立てられた。これは、表現の技能が社会で必要とされており、その訓練については大学が引き受けざるを得ないということの帰結であったといえるだろう。

2.2 『自己表現力の教室』で書きたかったこと

　富山大学での言語表現科目の実践を積み重ねて、大きな手応えを感じた。荒木晶子、筒井洋一と共同執筆した『自己表現力の教室』(情報センター出版局 2000) は、書く技能を習得するためのさまざまなステップを一般向けに解説したものだった。その本は「大学で教える」と銘打たれながらも、むしろ社会人に良く読まれている。大学でやっておくべき書くことのトレーニングを十分に体験しないで社会人になった人たちは、現場に入ってからその必要性を感じ、取り戻そうとしているのかもしれない。

　『自己表現力の教室』で書きたかったことは、レポートや論文の書き方のようなハウツーではなかった。そういう本であればすでにたくさん出版されていた。レポートや論文の形式はいわばひとつのプロトコル (取り決められた形式) であって、もちろんそれはそれで訓練することが必要だ。しかし、その本で訴えたかったのは「書くことによるパワー」を身につけようということだった。文章による表現は、時間もかかるし、まどろっこしい方法のように見えるかもしれないが、それが文章という形で広く読まれたときには、

大きな影響力を持ちうる表現形態なのだということを主張したかった。そして、具体的にどのように書けば、パワーを持った文章が書けるのかということを解説した。

振り返ってみると、この本のアイデアは、この後に述べる「実用文の書き方ワークショップ」の企画と実施につながるものだった。その間に、私は国立大学から私立大学に移った。ワークショップについて述べる前に、私立大学での表現系の科目について体験したことを書いておこう。

2.3　早稲田大学の基礎演習

富山大学での言語表現科目の実践は1993年から継続したが、筆者は2002年から早稲田大学人間科学部に勤務先を変えた。ここでは、言語表現という科目はなかったが、基礎演習という科目名で、大学での学び方への導入を図る科目が開かれていた。書く技能はまさにここで教えられるべき内容である。

ここで教える書く技能は、大学の事情に特化しているといって良いだろう。それは、関連性のあるデータ群から主張を成立させ、主張とデータとの間をつなぐ論拠（warrant）を精緻化するという、トゥールミンモデルを採用している。トゥールミンモデルがいわば論理の骨格であり、肉付けとして、パラグラフの構成や、ひとつのパラグラフの書き方を扱う。これが大学に特化しているという意味は、科学の中で流通する文章が多くの場合この形式を取っているということである。

しかし、導入教育だけで書く技能を訓練するには、その効果は限定されている。書く技能・話す技能は、科目横断的に、しかも学年横断的に、どこでも訓練の一部として組み込まれている必要がある。アメリカではこの考え方は「カリキュラム横断的な作文技能（Writing Across the Curriculum）」として位置づけられている。大学の授業はどんな科目であっても最終的には書くことがゴールとして設定されており、それが評価される。とすれば、導入教育だけが書く技能をターゲットにするのではなく、いつでも必要に応じて学

生が自分の書く技能を訓練できるような環境を整えるべきだろう。これは最後に述べる、オンライン・ラーニングセンターを実現することでかなえられるだろう。

3. 実用文の書き方ワークショップ

『自己表現力の教室』の出版後、中学生から成人を対象とした「実用文の書き方」ワークショップを各地で開きはじめた。本で伝えたかったことを正味6時間かけて実習してもらうワークショップである。レクチャーではなく、ワークショップというスタイルを取るのは、これが成人教育のこれからのスタンダードな形になるだろうということを確信しているからである（そして、大学教育の大きな部分もおそらくそうなっていくだろう）。

3.1 言語表現から実用文へ

実用文とは、何らかの主張を実質的に読者に伝え、その読者を動かすという目的を持った文章であると定義する。文章の「上手、下手」ではなく、その文章を読んだ読者のうちの何割を動かすことができたかによって、その成果が測られるような文章である。そこでは、1文1文を細かく見るのではなく、文章全体がどれだけの迫力を持って読者に迫ることができるかということに焦点化される。迫力とはいっても、強い言葉を使えばいいということではなく、逆に、平易な文をきっちりとした構成の中に埋め込んでいくことによって、読者に伝わり、行動を促すような文章を書こうというのである。

こうした実用文の書き方を身につけてもらうためにワークショップを設計した。正味6時間を使った1日のワークショップである。表1にワークショップの内容の詳細を示した。まず構想マップを自由に書くことによって、書くべきことは自分の頭の中にすべてあることを確認し、本当に書くべきことは何かということを出してもらう。その構想マップを見ながら、相手におしゃべりをして、すべてを文字に書き取ってもらう。このノンストップ・ライ

ティングによって文としての材料がすべて出たら、それをパラグラフの形に整えていく。最後に、序論・本論・結論を骨格とした5段落にまとめる。お互いに読みあって（ピア・レビュー）、コメントをもらい、最終的な文章を完成させる。以上のようなステップでワークショップが進められる。このワークショップでは、前述したトゥールミンモデルは、それほど強調されていない。それよりは、平易な文を積み重ねて、きっちりとした構成にすることによって、文章全体の主張する力を最大にすることを狙っている。

Step 1	実用文を書こう　その前に
Step 2	資料なしで始める：構想マップ
Step 3	ノンストップ・ライティング
Step 4	パラグラフにする
Step 5	5段落で構成する
Step 6	主張が成立していることをチェック
Step 7	友だちに読んでもらう
Step 8	書き直しとパブリッシュ
Step 9	書く人生への第一歩

表1　実用文の書き方ワークショップの内容

3.2　ワークショップの工夫

　作文を指導するには、ただ話を聞くだけでは効果がない。実際に自分が文章を書くという行動をとる必要がある。そのため6時間という長い時間をかけたワークショップスタイルで実習をしてもらっている。参加者の感想を聞くと、6時間があっという間に終わってしまったという人が多い。それは、模造紙にマップを描いたり、インタビュー形式でノンストップ・ライティングをしたり、代表的な作文をホワイトボードに書いてもらいそれをみんなで添削するというように、さまざまな活動を取り入れ、飽きることなく実習に集中できるからではないかと考えている。

　ワークショップの特徴は3つある。第1に、講師のレクチャーの時間を最

小限にすることだ。これは実習のための時間を多く取りたいという要請からくる。何より書くために考え、考えながら書くためには時間がかかる。講師が長々とした話をする余裕はない。そのため、スライドとワークブックをあらかじめ用意しておく。レクチャーとしての説明はスライドを利用して視覚的にも提示し、短い時間で理解してもらう。また、細かい話はワークブックに記載しておき、適宜参照してもらう。

特徴の第2は、グループワークの力を最大限に利用することだ。書く仕事は、1人で行う孤独な作業である。しかし、ワークショップでは、同じ目的を持った人が大勢集まる。それをお互いの力とするために、模造紙にマップを描いてアイデアを出し合ったり、2人組によるインタビューをしあったり、書いたものをお互いに読みあうピア・レビューを実習活動の中に組み込んでいる。こうすることで、最もハードルの高い、書き始めるまでの段階をグループワークの力で乗り切ろうとするのである。

ワークショップの第3の特徴は、個別指導とオープンカウンセリング的手法の融合である。実習の間、講師は参加者の1人1人を見て回って短いコメントやアドバイスをする。こうした個別指導は必須である。そのため、大規模なワークショップでは、講師以外のアドバイスのできるアシスタントが必要になる。その一方で、すべてのことについて個別指導するには効率が悪いし、また講師に対して依存的になってしまうというデメリットもある。そこで、1人か2人くらいの作文を参加者全員の前で添削していくという、オープンカウンセリング的な方法を使う。他の参加者がどのように添削されていくかということを見ることで、自分の作文についても自ら添削していく技能を獲得していく。

3.3　ワークショップという場

ワークショップスタイルの作文教室を実施してみてわかったことは、この形式がすでに学校教育を終えた成人にうまく適合しているということだ。もちろん、このワークショップは中学生から大学生までの参加者を含んでお

り、そうした学校教育の中にいる人たちにも好評である。全体として、教師と呼ばれる人から話を聞いて勉強するのではなく、自分自身の活動によって学んでいくというスタイルがこれからの学習の仕方の標準になるのではないかと予測できる。

　それは教育学的には、参加者同士の相互作用や協同学習的な活動が功を奏していると説明することができるかもしれない。それを根拠あるものとするためには、さらに細かな活動の分析が研究上必要になってくるだろう。しかし、今言えることは、こうした学習スタイルがまさに参加者から求められており、それが実現できた場合は大きな影響力を持つということである。

4. eラーニングへの展開

　こうしたワークショップを開く人が増えていけば、書くパワーを持った人の数は増えていき、その成果は上がっていくだろう。それと並行して、その広まりの加速度を上げるためにeラーニングという新しい学習システムを利用するという道が開けてきた。一方通行ではない、ワークショップ型のeラーニングによる「実用文の書き方」コースを開発することがこれからの課題である。

4.1　ワークショップ型eラーニングは可能か

　eラーニングとはインターネットを利用した新しい学習の形態である。ネットワークに接続したパソコンがあれば、場所と時間を選ぶことなく学習を進めることができるので、これから急速に広まっていくことが見込まれている。すでにeラーニングによって単位を取得できる大学や大学院が開設されつつある。

　そうした時代にあって、もし、実用文の書き方ワークショップをeラーニングとして実現できれば、市民に表現力をつけていく上で大きな力になるだろう。しかし、ワークショップの様子を画像としてインターネット上に流通

させるだけでは不十分である。参加者がオンライン上でやりとりできるようなeラーニングコースを開発することが必要になってくるだろう。現状では、ワークショップのような雰囲気をオンライン上で再現することはまだ困難である。文字だけのやりとりでは、細かいニュアンスの部分が伝わりにくい。自分の表情と音声を送り、相手が好きな時間にそれを見聞きして、反応を返していくようなシステムを実現することが必要になってくるだろう。

　もしワークショップの空間と時間を参加者全員が共有していること、そしてそのことにより、その場の「熱」あるいは雰囲気を共有していることが、ワークショップの成立に不可欠なことであるとすれば、ワークショップ型のeラーニングは難しいといわざるをえない。場所と時間を共有するという条件から参加者を自由にしているからこそeラーニングの意味があるからだ。ワークショップ型のeラーニングを成立させるためには、こうした問題を解決する必要があるが、共有された空間と時間を、オンライン上の何かに置き換えるような方法を探求する研究が進めば、実現可能になるだろう。これについては、研究の進展を待ちたい。

4.2　オンライン・ラーニングセンターの構想

　ワークショップ型のeラーニングがまだ困難であるとすれば、また別の形でのeラーニングで、書くための訓練をしたい。しかもそれを年齢、職業にかかわらず使えるように公開することで新しい学びの場を作りたいのである。それを仮に、オンライン・ラーニングセンターと呼んでおこう。

　オンライン・ラーニングセンターは、書くスキルを自分で身につける必要性を感じた個々の人々が、いつでもインターネットからそこにアクセスすることで必要な訓練を受けられるようにする場所である。そこでは、レクチャーによる解説をストリーミング配信により見ることができ、また、与えられた課題に対する作文を提出すれば、適切な指導や添削を受けることができる。また、自分が書いたものを安全に公開できるような場所も設けるようにする。指導や添削は、作文教育の研究者や教育者を志す大学院生などが請

け負う。センターを持続するために、比較的安価な指導料を払い込んでもらうシステムにする。

　オンライン・ラーニングセンターがインターネット上にできれば、これは大学や社会人の枠を越えた、市民のためのラーニングセンターになるだろう。そこで、書くための基本的な技能を身につけ、実践の場でそれを活かす。ラーニングセンターに来るような人は、実際に書かなければならないような仕事が目の前にあるはずなので、そこで学ばれたことは即座に活かされるだろう。そしてこれこそが学習の本来あるべき形であると言える。必要があるから学び、学んだことが即座に実践されるということだ。

4.3　これから

　1990年代は、eラーニングやeコマース（電子商取引）のような「Eの時代」であった。2000年代は、「Oの時代」と予測する人がいる。Oはオープンということで、技術も知識もオープンになっていくという予想である。マサチューセッツ工科大学（MIT）は、オープンコースウエアという大学規模のプロジェクトで、すべての授業資料を無料でウェブ上に公開することにより、知識を全世界で共有しようということを目指している。現在、このプロジェクトは、MITだけではなく、スペイン、中国、日本にも広がっている。

　大学が提供する教育を大学の中にとどめておくのではなく、常に市民に対して開かれたものとする必要がある。そのためには、前節で述べたオンライン・ラーニングセンターは、オープンであることが望まれる。書く技能を身につける必要性を感じた人は、誰でも、いつでも、インターネット上のラーニングセンターにアクセスして、自らの技能を高めることができる。そうしたシステムを運営していくことによってより良い社会を作っていくことができるだろう。

参考文献

向後千春 2000「大学生の基礎リテラシーとしての言語表現教育」『コンピュータ＆エデュケーション』, 9, 48-53. CIEC（コンピュータ利用教育学会）

向後千春 2002「言語表現科目の9年間の実践とその再設計」『大学教育学会誌』, 24(2), 98-103. 大学教育学会

ポスト産業社会における言語教育の課題

中村　敦雄

1. 問題の所在―問いから始まった探究

　最初の赴任校は工業高校だった。教師は自身が受けた授業に影響されるといわれるが、わたしにとって高校の国語とは暗記とパターン化された読解だった。受験に出るという殺し文句のもと、ひたすら覚え、単調さに耐えた。それがあたりまえだと思っていた。ところが、赴任校では殺し文句が通用しない。卒業後は腕一本で食っていこうと意気込む学習者にとって、何ら説得力を持たないからだ。何かが明白にちがうと感じつつもどうすればいいかわからず、いざ教壇に立つと自分がかつて受けた授業を反復する日が続く。迷いや苛立ちがつのっていった。そんなある日、こう問いかけられた。
　「先生、なぜ、僕たちは国語の授業を受けなければならないの？」
　不意の問いに動揺しつつも、どうしてそう問うたか尋ねた。日本語に不自由したことはないのに、との思いからの素朴な疑問だった。わたしは返答に窮した。不完全燃焼を見透かされた気分だった。たしかに彼らは友人との会話を楽しみ、漫画や二輪車の雑誌を愛読している。だが、相手を納得させられるよう意見を話す（書く）ことはむずかしく、時に喧嘩すら始まる。テレビや雑誌の情報に感化されやすい。こうした眼前の事実から出発し、社会人として必要な能力や知識を獲得できるようにするのが国語教師の責務ではな

いか。受験体制の浸透によって見えにくくなっているが、すべての高校で必要なはずだ。アイデアの核が浮かび上がり、やがて答えとしてのまとまりを意識できるようになった。あわせてどうやって授業するかも考え始めた（興味がある方は中村（1998）をお読み下さい）。その過程では日本語教育の実践から有益なヒントを得た。国語科に閉じこもらず、言語教育全体への目配りが必要なことを学んだ。今でもわたしは先の問いと向き合っている。国内だけでなく、海外の動向からもヒントを求め、より普遍的な答えを求め続けている。本章では、授業実践と教育理論の双方から、現時点までにつかめたことを述べたい。

2. 伝統的な国語科教育の特徴とその限界

　国語科としての実質的な教科内容は、文部科学省が告示した学習指導要領、およびその準拠教科書、あるいは入学試験問題などの直接・間接の影響を受け、ほぼ固定化した状態にある。国立教育政策研究所が平成15（2003）年度に実施した「教育課程実施状況調査」では、教師と中学校2年生を対象とした意識調査から、表1の結果が報告されている。

(生徒)第2学年 (教師)第2学年 担当	生徒：好きだった 教師：生徒が興味をもちやすい		生徒：きらいだった 教師：生徒が興味をもちにくい	
	生　徒	教　師	生　徒	教　師
平成13年度調査	26.6%	65.1%	45.9%	5.7%
平成15年度調査	29.5%	72.2%	48.9%	7.0%

出典：http://www.nier.go.jp/kaihatsu/katei_h15/H15/03001010030007004.pdf
（2006年4月21日参照）

表1　「文学的な文章を読むこと」について

　15年度と前回の13年度の調査結果では、教師の6〜7割は文学教材を「生徒が興味をもちやすい」と考えている。だが、「好きだった」と答えた学習

者は3割程度にとどまり、むしろ「きらいだった」が上回っている。実態を受け止めたのか、「生徒が興味を持ちにくい」と指摘する教師は15年度の調査で増加傾向だが、全体としては少数にとどまる。

　少し前になるが、日本国語教育学会が1990年に実施した「国語教育に関するアンケート調査」では、教師にとって「うまくいっている指導・うまくいっていない指導」を調査した。結果は表2～4のとおりである(いずれも、「1.」は「とてもうまくいっている」、「2.」は「まあまあうまくいっている」、「3.」は「あまりうまくいっていない」を指し、三者択一で行われた)。文法や語彙などの「言語事項」についても調査されたが、ここでは省略する。

	1.	2.	3.	人数
全　体	3.2	49.8	47.0	1083
小学校	3.8	52.5	43.7	693
中学校	2.7	44.4	52.9	257
高等学校	0.0	48.6	51.4	111

表2　聞くこと・話すことの指導

	1.	2.	3.	人数
全　体	11.1	73.4	15.5	1083
小学校	12.4	72.2	15.4	693
中学校	9.7	73.5	16.7	257
高等学校	5.4	81.1	13.5	111

表3　読むこと(読解・読書)の指導

	1.	2.	3.	人数
全　体	7.8	55.9	36.3	1082
小学校	7.9	56.6	35.4	692
中学校	5.4	56.0	38.5	257
高等学校	9.9	54.1	36.0	111

表4　書くこと(作文)の指導

1. 2. 3.…%

人数…人

出典：日本国語教育学会編 1992「月刊国語教育研究」242, 43-44.

　文学・説明文双方を含めた「読むことの指導」について、「とてもうまくいっている」と「まあまあうまくいっている」とを合算すると、いずれの校種についても80%を越えている。対照的なのが「聞くこと・話すことの指導」であり、「あまりうまくいっていない」が中・高等学校で50%台に及ぶ。同じ部分について「読むことの指導」ではどの校種も10%台にとどまる。「書

くことの指導」はいずれの校種でも50％台が「まあまあうまくいっている」であるが、30％台は「あまりうまくいっていない」であり、「聞くこと・話すことの指導」と同様に、教師の自己評価において苦手意識が少なくない。回答者は日本国語教育学会の会員であり、おそらくは学校のリーダー的な教師や意欲的な教師が多くを占めていると考えられる。国語教師の全体的な反応に比べて、コミュニケーション意識育成などの新たな課題への関心も強いことが予想される。しかしそうしたなかでも、「読むことの指導」に対する自負について他の言語領域を凌駕する結果が出たことは、国語教師の認識を如実に示したものと解せよう。

現時点で一般的となった国語科は昭和30・40年代に教科としての内容整序がはかられた。当時の中心的な研究者であり、学習指導要領にも大きな影響を及ぼした輿水実（1908-1986）は、昭和20年代にアメリカ合衆国から紹介された経験主義の影響下にある教育を次のように論断した。

　　言語生活というのは、まことに包括的な概念であって、これを教育のほうに持ちこんでくると、その作用面、行動面よりも、電話のかけ方でいえば、受話器の置き方、読書指導でいえば、書物の取り扱い方などの生活内容それ自体が、はいってくる。国語教育の中に、いろいろの不純物がはいってくる。それだから具体的なもの、生きたものであるとはいえるが、それは、生活単元学習時代の考え方で、それでは、国語科学習指導というものが、ただ広がるばかりで、その中核がなくなる。（中略）それよりも、戦前の、垣内松三先生が、言語文化論を背景に提案された「言語現象」とか、「まこと」とかいうような、一つのまとまり、構造的な統一性を示す概念のほうが、国語科教育の新しい課題を解決するのにふさわしいもののように見えてきた。　　　　　　　　　　　　　　（輿水1968）

輿水は実社会での不純物を排除して、純化された構造を教科内容とする必要性を力説した。準拠枠として戦前の垣内理論が招請され、教科書教材を主

たる対象とした定式的な読解を軸とした教科としての枠組みが再生された。あわせて輿水は、アメリカ合衆国で提唱された、行動主義心理学にもとづく刺激-反応理論に立脚したスキルの諸学説を援用し、指導方法における「近代化」をはかり、基本的指導過程として提案した。高度経済成長期の日本で共有された効率重視の考え方にもかなった提案であった。しかし不純物とされたなかには実社会における現実性や文脈と関わる部分もあり、過剰な剝離に関して批判も浴びた。だが、教材の定番化と軌を一にした指導方法の固定化はその後も進捗していき、ドリルやワークブックも浸透した。指導経験は個々の教師のなかで「型」として堆積し、学習者も授業を通して「型」を体得する。研修などの場でも「型」は伝承される。もちろん、経験の浅い教師や、小学校のように全教科を担当する場合など、「型」には相応の効果が認められる。

　だが、ひとたび「型」が強固な規範として受けとめられると、閉塞状況に陥ることは確かである。「型」に沿わない授業は逸脱と見なされ、指弾を受ける。また、学習指導要領や準拠教科書の教材に新たな発想が盛られていても、「型」の反復が優先される実情も見られる。教師自らが「型」を見直し、つねに更新していくための機会が必要である。

3. 新しい国語科の授業実践―メディア・リテラシーの導入

　もちろん、閉塞状況からの改善をめざした授業実践開発は進められている。音声言語・文字言語それぞれを生かしたコミュニケーション能力の育成、読書活動の工夫など多彩な取り組みが活性化するなか、注目すべき動向にメディア・リテラシーの育成がある。「メディアが形作る『現実』を批判的（クリティカル）に読み取るとともに、メディアを使って表現していく能力」（菅谷 2000）を指し、カリキュラムや教科（教育）内容も指す。

3.1 チラシ広告を批判的に分析する

　黒尾（2003）は中学3年生を対象とした授業で、不動産広告を読む授業に取り組んだ。新聞のチラシは、印象的なキャッチコピーが使われ、写真・イラスト・図表（地図）などが効果的に組み合わされているメディアである。学習者が日常的に接している一方で、それ自体の読み方を取り上げた試みは少ない。授業は次のように計画された（計4時間）。

① 学習者がチラシを収集する。
② 自分で決めた項目にしたがって情報を一覧表に整理する。
③ 情報について気づいたことを箇条書きでまとめる。
④ キャッチコピーの表現を分析的に読む。
⑤ キャッチコピーの表現について読み取ったことを説明する。

　理解から表現への流れの授業である。④では、「キャッチコピーの中には『風』『水』『緑』『丘』『空』みたいな『自然に関する言葉』がすごく多くて私が数えただけでも30はあった。やっぱり自然と共存したいっていうか自然にあこがれているっていうイメージがある」といった発見や、「『明るい』っていえば、『光』とか『陽光』というのも多いね。不景気とか、いやな事件とか、世の中が『暗い』からなんじゃない？」といった表現分析が行われた。さらに、表現の適切さを分析・吟味する読みも行われた。学習者は「すべてにいえることだけど、大げさに言ってるって感じ。『未来に住む』とか『超高層を抜き去る』とか『丘を買う』とか。これ不可能だよね。意味不明というか、ちょっと無理そうな、でも届きそうな、豪華そうな言葉がいっぱい入ってる。意味不明なんだけど、なんか心をつかまれたような、人が予想もしないようなコピーが多い」との指摘もあった。
　学習としては学習者相互の意見交流が核となって各自の気づきを深めているところに特徴がある。授業、イコール教師からの指導内容という見方がなされがちだが、こうした協働による学習は各自のリアルな認識から出発して

考えや発見を交流し合い、掘り下げる契機となる。また、広告というメディアにおける言語の用法を対象とした学習を経験することで、実社会での言語について見直して考える機会を保証している。

3.2 映像を言語化して表現する

　加藤（2003）は小学4年生を対象としたビデオ映像を活用した表現の授業を行った。この授業では、教師が撮影した映像素材が教材として活用されている。地域のごみを回収する人々を撮影した映像である。映像を7場面に区切り、どの映像をどういう順番で配置して作品とするかといった編集の過程に的をしぼったところに特徴がある。モラル向上を訴える公共広告の制作が目ざされた。学習者は映像を言語化してとらえ、映像相互の関連性を考え、映像作品としての全体の流れについて、言語を手がかりとして組み立てている。授業の流れは次のとおりである（計6時間）。

① ビデオを視聴し、感想を持つ。
② ビデオの場面構成を分析する。
③ 伝えたいメッセージにしたがって場面を再構成する。
④ 場面に即してナレーションを入れる。
⑤ 作成した作品を相互評価する。
⑥ ビデオというメディアの特徴を考える。

　学習者は映像素材を視聴して「感じたこと」を発表し、読み取ることのできるメッセージについて話し合った。また、どんな撮り方がされているか考え、場面ごとにキャッチコピーをつくった。映像を言語化してとらえるための配慮がなされている。グループでの学び合いが生かされ、学習者は互いがどう映像を読んだかを出し合い、理解を深めている。続けて「だれにどんなメッセージを伝えたいか」について話し合ったところ、「みんなで地球をきれいにしていこう」と「働くおじいさんを主人公にして」の2つのテーマ

が挙がったという。大きなテーマを強調するか、ビデオに登場するおじいさんの働きを強調するかに対応し、マクロとミクロの視点のちがいに拠っている。前者は当初の順序そのままであり、教師側が教材に込めたメッセージを継承したものであった。一方、後者では順番が大きく変えられ、おじいさんが強調されるように配列された。こちらは同じ場面を2回使うアイデアも生かされた。ナレーションが付けられ、作品として完成されている。

相互評価では、後者の作品について、「物語みたい」という声が学習者から出されたことが興味深い。映像の順番によって同一の映像であっても異なった意味を担い得ることや、同じ場面を2回使うことによる強調の効果など、学習者からの気づきが生まれ、闊達に交流されている。「言いたいことによって順番を変えられるのでおもしろいとおもった」という学習者の声からも、学習から得た発見の深さや重要性がうかがえる。

4. 国語科教育の新たな課題

メディア・リテラシーによって可視化された争点は、国語科教育の新たな課題でもある。

4.1 クリティカルな思考の育成

第1の課題は、わたしたち自身を守り、他者を傷つけない護「心」術を体得することである。クリティカル(批判的)な思考を育成することで、虚偽の情報や悪質な情報など、相手を欺いたり、混乱させかねない情報をも含めて的確に分析・吟味・評価する能力を高めたい。念のために補足しておくが、何でもネガティブに切り捨てる能力ではない。従来の論理的思考は主述の関係や段落構成の適切さなど限られた範囲での思考を指したが、クリティカルな思考は日常生活に貢献する実際的な思考である。むしろこうした内容も含めて論理的思考と呼ぶのがふさわしい。現行学習指導要領では、高校であっても「叙述に即して的確に読み取ったり、必要に応じて要約(平成10

年版「国語総合」)」といった従来の論理的思考レベルの記述で止まっている。教科書も検定を経ているだけに、不確かな情報などは除去されている。教科書はお手本であるべきとの「名文主義」も根強く支持されているだけになおさらである。唯一情報という点で説明文教材が関わりを持ちそうなところであるが、実社会のリアルな文脈が漂白された、蒸留水のような教材が揃いがちである。段落構成の把握や要約のための学習は成立しても、分析・吟味・評価はむずかしい。

　事態を打開するためには、3.1節の授業のように新聞のチラシを取り上げるといった教師自身による教材化が欠かせない。その際、情報を媒介するメディアの機能や文脈も視野に入れるよう心がけたい。もちろん、従来も社説や記事を教材として扱う授業は行われてきた。だが、多くはNIE（教育に新聞を）と同様、教科書の補充としての、お手本としての特権的な位置づけであった。授業実践開発においては、社会文化的な問題意識から、ポップカルチャーなども含めた現代文化や若者文化、多様なエスニックグループの文化をも包含した視点を持ち、情報としての相対化を意識して取り組むことを前提としたい。

4.2　映像へのアプローチ

　第2の課題は、映像を含めた国語科としての教科（教育）内容の構想である。実生活においてメディアとの接触なしの生活は考えられない。言語情報にもまして、映像情報の果たす役割は大きい。テレビにせよ新聞にせよ、言語とそれ以外の媒体とが融合している。さらに、ビデオカメラやインターネットの普及により、わたしたちが情報の送り手となる可能性も生じた。すでにブログなどでネット上での発信を楽しむ読者もいることだろう。

　映像からわたしたちが受けるインパクトは甚大であり、映像が言語の解釈を規定することも少なくない。海外では言語教育の一環として、映像の言語化・意味づけ・解釈を位置づける動きも見られる。言語教育の実質的な内包が、言語の教育からコミュニケーションの教育へと推移しつつある事実と軌

を一にしている。母語教育のなかには、従来の話すこと・聞くこと・書くこと・読むことに続く5番目の領域として「見ること(viewing)」を含めたカリキュラムもあらわれた(奥泉 2003)。さらに限られた例ではあるが、「見せること(representing)」を位置づける事例も登場した。言語教育だけではなく、社会科や美術科、技術科なども視野に含めた再体系化によるカリキュラム改革も進展している。

　また、理論的提案としてマルチ・リテラシーズの研究成果も視野に含める必要もある。Cope & Kalantzis(2000)では、意味生成モードを構成する要素として「言語的」「視覚的」「音声的」「身体的(gestural)」「空間的」の5種類のデザイン(design)を同定している。こうした切り口からコミュニケーションの学習を構想することは、新たな授業実践開発に向けた道筋を確かなものにするだろう。

5. ポスト産業社会における言語教育

　ここまで明らかにしてきたことについて、マクロレベルでの世界的な潮流と照らすと、上述の課題は次のような文脈のなかで解釈することが可能である。

5.1　PISA が投げかけた問題

　2004年12月、PISA(OECD 学習到達度調査)2003の結果が公表された。日本の15歳の学習者の「読解力」は前回の8位から14位へ変化し、平均点は加盟国平均の500点を割り込む498点であることが報じられた。得点の低下データをもって「学力低下」と結論づける向きもあるが、今回の2003については問題と回答分析が非公開であることなどから、データ解釈に関しては熟考の余地がある。むしろ、大事なことは根底にある哲学に眼を向けることである。具体的な問題群は国立教育政策研究所(2002)、中村(2006)に譲り、ここでは PISA を支える理論的な根拠に着目したい。

もし PISA で日本の高校入試問題が出題されたとしたら、おそらく日本は上位スコアを確保できただろう。2005 年 4 月に公表された文部科学省の全国一斉テストの正答率が前回よりも上昇したというデータからも推測できよう。むしろ、争点はわが国で要求されてきた読解力と世界的な水準での「読解力（reading literacy）」との間隙である。PISA の「読解力」は作業や活動などを行うための読む力を重視する機能的リテラシー（functional literacy）に立脚し、実質的には社会文化的文脈でのコミュニケーションを重視するクリティカルリテラシー（critical literacy）とも重なる。対して、日本では伝統的に教養主義的読書観が根強く、2 節で論じたように不純物を排除した内容が扱われている。入学試験の中核が客観テストであることも一因となって、心情の把握や要約など従来の論理的思考力の範囲内の読解力は高めても、PISA のようなクリティカルに分析・吟味・評価すること、理解した内容をもとに自身の意見を持ち他者に表明するコミュニケーションとしての「読解力」は想定外であった。さらに、PISA が「読解力」の対象に図表やイラストなど視覚的媒体を含む点も見逃せない。上位スコアの国々の多くがメディア・リテラシーを母語教育にすでに含めている事実も合わせて考慮に含める必要があろう。

にもかかわらず、日本では PISA から派生した諸問題への対応として反復学習の徹底、さらには暗唱を叫ぶ声が喧伝されている。こうしたねじれは、伝統的な「型」への回帰に救済を求める時代錯誤(アナクロニズム)の発露でしかない。理論的根拠にもとづく議論が不可欠である。

5.2　新たな目標としてのキー・コンピテンシーズ

実態調査としての PISA を実施している OECD（経済協力開発機構）は地球規模の社会、政治、経済などマクロの観点から、教育に関して次の指摘を行っている。

　　工業社会においては、教育に関わって、ある程度の知識とスキルとを身

につけた読み書きに熟達した労働者が求められた。（中略）情報化社会の到来にあって、ビジネスは不断に生産物を開発し続け、改善し続けてきている。平均的な人物であっても、10年ごとにそのキャリアを変えており、あらゆる個人の成功にとって生涯にわたる学習は緊要なものになった。教育のゴールとしては、静的に情報を収集することが終焉を迎え、情報を処理し、分析し、評価する技能を獲得する必要性へと置き換わろうとしている。　　　　　　　　　　　　　　　　　　　　　　（OECD 2002）

　ここに描出されたポスト産業社会（あるいは知識社会）の到来は、誰しも実感していることではないだろうか。一市民として社会参加を行ううえで、職業人やボランティアとして活躍するうえで、情報の果たす役割は大きい。情報との静的な受容から脱し、情報に対して主体的に受信・発信・交信するための力量形成がゴールとして重要な意義を持つ。こうした理解のもと、OECDは新たな教育的な目標をキー・コンピテンシーズとして提案した。1997年後半からスイス連邦のリーダーシップのもと、DeSeCo（コンピテンシーズの定義と選択プロジェクト）によって策定が進められた。以下の3項目から成る。

　社会的に異質なグループで相互に作用し合う。
　　　他者とよりよく関わる能力。
　　　協働する能力。
　　　紛争を調整・解決する能力。
　自律的に活動する。
　　　大きな状況や広い文脈のなかで活動する能力。
　　　人生設計や個人的なプロジェクトを策定・遂行する能力。
　　　個人の権利、興味、制限、要求について擁護・主張する能力。
　ツールをインタラクティブに使用する。
　　　言語・シンボル・テクストをインタラクティブに使用する能力。

知識・情報をインタラクティブに使用する能力。

テクノロジーをインタラクティブに使用する能力。

(Rychen & Salganik 2003)

「相互に作用し合う」といったキーワードから明らかなように、ヴィゴツキー (Vygotsky, L) の理論の影響がうかがえる。状況のなかでの協働を生かしたインタラクティブな交流を重視する教育観が読み取れよう。与えられた課題への対処にとどまらず、現実的な文脈のなかでプロジェクトを自ら策定・遂行すること、個人としての社会的活動の基盤を培うことが強調されている。また、言語も含めた「ツール」という概念が身体的ツール・社会文化的ツールの双方の含意で使用されており、メディア・リテラシーをさらに進展させた今後のリテラシー実践を包摂する枠組みとなる可能性を感じさせる。「情報」については、「情報そのものの特性」「技術的なインフラストラクチャー」「社会、文化、ことにイデオロギー的文脈とインパクト」へのリフレクション (熟考) が強調されている。

6. 結論

　国語科教育をはじめとした言語教育は、本質的に学習者が社会生活に資する能力や知識の育成のためにある。ただしそのゴールは過去のある地点ではなく、ポスト産業社会を迎えた実社会と関連づけて構想される必要がある。従来、言語教育は理論的裏づけを文学や日本語学、言語学に依拠してきた。また、純化された体系が尊重され、学習は個人単位の内的蓄積ととらえられてきた。しかし、今後は社会文化的な文脈でのメディアを含めたリアルなコミュニケーションへの対応について、協働を重視した学びが前提となる。過去に不純物として排除された諸要素を含め、教科 (教育) 内容の洗い直しが必須である。メディア・リテラシーやキー・コンピテンシーズの内容は示唆となろう。ただし、従来なかった新たな部分を援用するだけでなく、従来の

言語教育の範囲にも知見を反映させることが鍵となる。

　ちなみにメディア・リテラシーを導入した国々では、概ね1990年代に教育改革に着手し、試行錯誤を経て状況が整いつつあるように見受けられる。興味深いことに、カリキュラムや教材の改革にとどまらず、機器や教室レイアウトを含めた学習環境、学習方法、評価システムなどと相互に連動し合った変化として現出している。その意味では本章で論じた課題は、いずれも言語教育にとってのデザインと有機的関連を持つ。いま、ここで、社会の変化に対応させたデザインについて存分に語り合うことが、わたしたちにとっての重大な責務なのだ。

参考文献

Cope, B. & Kalantzis, M. 2000 *Multiliteracies*. Routledge.

加藤勢津子 2003「思い通りに場面構成！　ビデオっておもしろい」井上尚美編集代表・中村敦雄編『国語科メディア教育への挑戦　第2巻』明治図書　pp. 74-91

国立教育政策研究所 2002『生きるための知識と技能』ぎょうせい

輿水実 1968『言語観の改造』明治図書

黒尾敏 2003「どんな家を買おうかな？」井上尚美編集代表・芳野菊子編『国語科メディア教育への挑戦　第4巻』明治図書　pp. 146-162

中村敦雄 1998『コミュニケーション意識を育てる　発信する国語教室』明治図書

中村敦雄 2006「PISAにおける『読解力（reading literacy）』の解明」『言語技術教育』, 15, 35-39. 明治図書

OECD 2002 Knowledge and Skills for Life, First Results from the OECD Programme for International Student Assessment (PISA) 2000. http://www.PISA.oecd.org/dataoecd/44/53/33691596.pdf（2006.4.21）

奥泉香他 2003「メディア教育における国語科を中心とした相関カリキュラムの意義」『国語科教育』, 54, 43-50. 全国大学国語教育学会

Rychen, D. S. & Salganik, L. H. 2003 *Key Competencies for a Successful Life and a Well-Functioning Society*. Hogrefe & Huber.

菅谷明子 2000『メディア・リテラシー』岩波書店

「市民の日本語」へ向けて

加藤　哲夫

1. 『市民の日本語』の反響を通して見えてくるもの

　2002年にひつじ書房さんから『市民の日本語―NPOの可能性とコミュニケーション』という本を出版させていただいた。この本は、ちょっとタイトルからは想像しにくい内容の本なのだが、反響にはおもしろい特徴がいくつかあった。

　反響の1つは、言葉を日常的にあやつり仕事にしているような学者タイプの人たちからのもので、「章立てしておらず読みにくい」とか「もっと論理的に！」というものが少数あった。一方で、たくさんの読者からのお手紙やメールでの感想は、「自分が社会の中で生きてきて、どうしても伝えられなかったり、抑圧されてきたりしたことの理由がものすごくよくわかった。」とか「初めて自分の思いが言葉になった。」「どうして自分の気持ちがわかったのか？」などという感激調のものが非常に多かった。しかも、それらの手紙は大抵、熱い思いと長い物語を伴っていた。

　この『市民の日本語』という本は、私が長い間、市民活動の世界で、さまざまなコミュニケーションの実験やワークショップによる場づくりをしてきた経験から、力のあるもの、声の大きなものだけが議論を支配していくような関係や場ではなく、声が小さくてもまとまっていなくても重要な意見やつ

ぶやきをちゃんと生かしあうような関係や場をどうやって作っていったらいいか、ということをテーマに書いたものだ。

　本の中では、中学生とのまちづくりワークショップや小学校や塾でのエイズの授業、市民参加のポイ捨て禁止条例づくりなど、さまざまなグループコミュニケーションの実例と考え方、そしてそのような取り組みが求められている社会的背景を解説している。

　本の構成自体は、学者タイプの人たちの指摘通りで、全体でひとつの講演を聴いてもらうような物語型のスタイルであった。それは、あまり論理的ではなくコミュニケーションの場において抑圧されがちなタイプの人たちにとって、いちばんなじみやすい形式だからであり、実際に、そういうタイプの人たちからの反響がもっとも大きかったのである。物語型の情報保存や伝達は、すべての人間に共通する原基形態なので、近代的な自我を前提とする論理的主体的なコミュニケーションと比べて、幅広い人々に受け入れられるものであるから、この反響はある程度予測していたものであった。神話やそれをベースにした最近のファンタジーの隆盛が、そのような物語型の情報保存と伝達の根源性を証明している。

　もともと論理的で理屈屋であった私がこういうことに気づくきっかけは、80年代中頃の『ホピの予言』というアメリカ先住民の神話をベースにした映画の自主上映運動に関わったからである。その運動には、それまでどちらかというと、市民運動の現場でも、話が論理的でなく最後まで聞かないとよくわからないタイプの人々が、活動の中心的な担い手として登場していたのである。また、その人々は、先住民の文化に魅せられ、そのコミュニケーションのあり方に学んでいた。それを見て私は、どうも旧来の論理的であることが絶対的な善であるようなコミュニケーションのあり方に疑いを持つようになったのであり、その結果、さまざまなコミュニケーションの実験を社会運動の中で行うようになっていったのである。

　この本の主張は、単に「自己主張のできるしっかりした論理的な人になろう！」というメッセージだけではなく、むしろ「論理的でなくても小さな声

でも、その真意を聴き取ることができる耳（方法と場と感性）をどうやったら私たちの社会はつくれるだろうか」という問いかけにあったのだ。前者のような主張はこれまでもたくさんあったし、それが必要だということは言うまでもないが、それだけではやはり一部の声の大きな人をつくりだすだけで、社会全体のコミュニケーションの質が高まらないのではないかということが私の問題意識である。

　テロという死を賭した意思表示行動が世界を席巻している。一方で対テロ戦争を掲げて見えない戦争を戦い続ける国がある。テロは、言葉による対話の否定だが、しかしテロの根は、言葉による意思表示や対話の可能性をほとんど信じられなくなってしまった絶望的な世界から生まれてくる。言葉による対話を否定するものとの対話は困難だ。しかしその暴力が、合理的で支配的な言葉を駆使する側による世界の抑圧から必然的に発生するものであるなら、社会的なコミュニケーションのあり方を変えて、「論理的でなくても小さな声でも、その真意を聴き取ることができる耳（方法と場と感性）をどうやったら私たちの社会はつくれるだろうか」と自らに問い続けるしか方法がないではないか。

2.『市民の日本語』で私が問いかけたものは…

　『市民の日本語』の中で私は、この国の人々がもつコミュニケーション上の課題を4つ挙げておいた。

(1) 人とコトを分けられない
(2) 世間が存在する
(3) 自己チューが増えている
(4) 学級委員会方式が民主主義だと思っている

　(1)の「人とコトを分けられない」というのは、よく言われていることだ。

欧米の人たちのように人とコトを分けてしっかりとした議論を闘わせる文化がわが国にはないというのだ。その代わりにわが国には、(2)の「世間が存在する」から、以心伝心、慮（オモンパカル）る、先回りして察知する、というふるまいが基本であった。この「世間」という概念に光をあてたのは阿部謹也氏で（『世間とは何か』1995 講談社現代新書）、わが国には世間があり、人々は世間の顔色を窺いながら物事を判断し、世間の外側の人々はいないのと同じであり、「いわば人間ですらない」というのである。つまり以心伝心、慮る、先回りして察知するというのは同質集団の内部のコミュニケーション文化だから、これでは対話によって、異質な人と人、人と組織、人と政府などの壁を越えたコミュニケーションをしていくことには使えない鎖国主義的な社会的スキルだ。

　ただ私は、この国の人々に「人とコトを分けろ」と言っても概ね無理なのではないかと考えていて、分けられないということを前提にして、感情を互いに理解しあえる場づくりやメッセージの方法を通して、この課題をクリアしたいと考えている。

　『市民の日本語』にはあまり書かなかったが、そのようなスキルの1つとして、「私メッセージ」という話し方がある。私たちは人とコトを分けられないために、自分のことを他人に評されると、自分が攻撃されたと感じてしまう。たちまち非難の応酬になりやすい。その場合、言い方を変える。「お前は〜〜である。」と断定するのではなく、「私はお前の行動や言葉を〜〜と感じた。」という言い方をするのだ。もちろんこれでも攻撃されたと感じる人は多いのだが、「いやいや、これはあなたが〜〜だといっているのではなく、私には〜〜と感じられた、と言っているのだから決してあなたを攻撃してはいませんよ。」と説明するとようやく対話の一歩が踏み出せる。このようなまわりくどい方法が、一見自我が強く人とコトを分けていると言われているアメリカあたりで開発され、その教育システムが日本に輸入されているところがおもしろい。

　これは「編集」という概念からも容易に理解できる。情報を発信した側の

意図とはかけ離れたところで、情報は相手によって理解され（誤解され）意味を持つのがコミュニケーションの実態である。コミュニケーションは誤解から始まるといってもいいほどである。従って「発信者の意図とは別に、受信者の理解が存在する」ということを互いに認めてしまえば、そこからコミュニケーションは始まると言ってよく、日常的なコミュニケーション上のトラブルの大半は解決するのではないかと思えるほどである。

　これは実は、相手の感情を認める、すなわち認知するという方法でもある。つまり、自分とは違う感じ方をする他人が存在し、その相手は自分の思い通りにはならない他者であることの認識である。対話やコミュニケーションは相手に対する他者としての認識から出発するのだから、これはあたりまえのようで、日常的には私たちは以心伝心、慮る、察知することができる（と錯覚している）人間関係の中で生きているから、実はあまりあたりまえではない。相手を他者として認識できないから、思い通りにならないと怒る。あるいは他者の言葉が自分に対する攻撃に読み取れてしまう。

　「世間」というものが縮み、よりミクロな世界になって「オタク」というものになったのではないかと私は密かに思っているが、「世間」を前提としたコミュニケーション戦略はどうなるだろうか。ひとつは、「世間」の中にいかにして異質な他者を持ち込むかということであろう。異質な他者をくりかえし持ち込むことで、新しいコミュニケーション（最初はギャップや摩擦であるが）を発生させることを通して、多様性ある社会を生み出していくことをめざすのである。もうひとつが、多様性そのもの、他者そのものを、同質だと思い込んでいる自らの中から発見することである。私がエイズ問題で体験し発見したものは、普段は意識することがない性やエイズというものに対する自らの内なる偏見や忌避であり、それが他者に向かうと排除と差別となるという回路である。

　(3) 自己チューが増えているかどうかは本当のところはわからない。確かに街を歩けば、歩行者に自転車を接触させて一言も謝罪せず走り去る若者が後を立たない（最近立て続けにそういう体験をしたばかりだ）。都会では他

人のことなど気にしていては生きていけないと思ってしまうほど状況がひどいということもできるだろう。
　90年代の初頭に、中島梓はその著作『コミュニケーション不全症候群』(1991：256 筑摩書房)の中でこんなことを書いていた。

　　このまま行けば(略)最終的に世界は生きている幽霊ばかりの徘徊する、まったくすべての共同性をも有機的な連環をも欠いた場所になるだろう。人々はまったくお互いを自分と同じく存在している生命として認めることができなくなり、蛙が動いているものしか見えないように同じ種類のきわめて限定されたものしか見ることができなくなり(略)だから誰も、相手が老人だろうと赤ん坊を連れた母親だろうと、身体障害者であろうと道をゆずったりしなくなるだろう。

　中島がこれを書いてから15年以上が経過している。まったくその通りだという実感も私たちにはあるだろう。「世間」という日本型の「公システム」が崩壊すれば、確かに「自己チュー」は増えるだろう。実際、そうとしか言いようのない事件や日常が私たちのまわりにはあふれている。
　しかし、である。たとえば、犬の糞の始末をしない人がいることをもって、飼い主のモラルが低下した、自己チューが増えたと断定することはできない。もともと昔の犬は放し飼い同然であり、誰も犬の糞の始末など気にかけていなかったというのが実態であろう。ペットブームもあってやたらに犬を飼う人が増えた、都市化が糞の行き場をなくした、公共空間が整備された(昔は原っぱだった)、正しい犬の飼い方を知らない、清潔観念が普及したなどの要因が相まっているのだ。自己チューの増加とされているものは、視点を変えれば別のものが見えてくるかもしれない。ここは性急に結論を出すべきではないのかもしれない。
　というのも、『市民の日本語』の中でも紹介したが、仙台市のポイ捨て問題について取り組む過程で見えてきたものがある。ポイ捨て行為や犬の糞の

放置などをみると、つい私たちは、「モラルが低下した」と断じがちである。しかし、ポイ捨て行為は、霊長類の時代から私たちに普遍的に存在する生活様式で、人口が密集せず、プラスチックなどの自然に分解しない物質があふれるまでは、その生活様式でなんら問題がなかったわけだ。従ってモラルは低下したのではなく、新しい社会環境に必要なモラルを生み出すことに未だ失敗していると考えたほうがいいだろう。そう考えることで、人々にモラルを外から強制するのではなく、互いのコミュニケーションの中から新しい社会環境にふさわしいモラル、つまり「人と人の間の住み慣わし」をつくりだしていく以外に解決の道はないのではないかと私は考えている。

　従って、一見「世間」が崩壊した結果増殖した自己チューと見える行為に対しても、コミュニケーションの仕方によっては対応していくことが可能であるという感触を私は持っている。仙台市の委嘱制度で「クリーン仙台推進員」という人たちがいる。各町内会から1人推薦された人が委嘱され、ごみ減量とリサイクルの推進の担い手となるのだが、私はここ数年その人たちの研修をさせていただいている。その中では、たとえば、ごみをちゃんと分別しないで出されたごみ袋が、回収されず残された集積所の写真をデジタルカメラで撮影し町内会の回覧板に紹介することで、次第にごみの分別率がよくなった地域がある。中には、愛犬の首に「今日はプラの日です。」などという看板を下げて集積所でお立ち台の上に乗せておくことで、犬の視線を感じた人たちがちゃんとルールを守るようになったという笑えるケースもある。NHKの「ご近所の底力」という番組がこういうことを紹介しているが、私自身も、仙台市におけるコミュニティ活動の支援の中で、さまざまなコミュニケーション手法を開発し、実際に問題解決に成功してきている。ここでは一種の「世間の眼」を擬似的自覚的につくりだすことで、人々に公共的なふるまいをさせることに成功しているわけだ。

　(4)学級委員会方式とは、戦後民主主義の学校教育の学級会や授業の中で、議長がいて、発言する者は挙手をして指名され、討議が行われて最後は多数決によって物事が決まるというスタイルのことである。別にこれが悪い

というわけではないが、このやり方ではもれてしまうものがあり、それが問題なのだというのが『市民の日本語』に書いたことである。しかも、今やその学級委員会方式すら機能しない状態が日常化しているように見える。町内会の役員選出や決算報告に疑義があるとの報道を見ると、民主主義がないどころではない。ルールがない、いやはや無法地帯であるとしか言いようがない事例が頻出する。また私はNPOの世界で仕事をしているが、自らの団体の憲法にあたる定款を読んだことも見たこともないという理事やスタッフがやたらにいる。共通の関心事を持つ人々の組織（アソシエーション）であるNPOは、自らが民主的手続きによって定めたルールに則って運営されるはずであるが、その初歩がこれほど身についていない人々が多数いるとは驚きであった。せめて学級委員会民主主義が機能して欲しいと思うこの頃である。

3. 「評価」と「権威」が言葉を萎縮させる

　さて、自己チューなどと言われて久しい若者についてだが、実際、高校大学や専門学校で教えている友人たちに聞いても、一般的な傾向として極端にボキャブラリーに乏しい層がいることは事実のようだ。「フツー、ビミョー、カワイイ、ウザイ」。これが最近の若い人たちの基本的語彙であるらしい。何を聞いても、こういう答えが返ってくるという。これら数少ない言葉をいくつもの意味に使いまわす。

　その結果、言葉を知らないために、うまく考えをまとめることができないし、自分の中に湧き起こっている感情を整理し形にすることができない。だから「わかんない」を連発し、考えることを回避しようとする。いつも「わかんない」で通していると、本当にわからなくなる。自分の中で起きていることも、自分のまわりで起きていることも、社会で起きていることも、はっきりとした像を結ばず、認知できないままに生きていくことになるのではないか。

ここでいう言葉を知らないという言い方は、単に語彙が少ないという意味だけではなく、コミュニケーションに関わる全体像、つまり体験や認識や身振りなどを通したやりとり自体の欠如や不足を意味している。そして、それではますますわからないから不安になる。しかし不安を捉えて形にしようにも言葉がない。身体的な拒否の姿勢が「わかんない」に留まり、真に身体化されることもない。だから、グル(導師)や教典の言葉で自分の空白を埋めようとする。安直に不安の解消をめざす。そういう人々は、幽霊のように存在感がない。力強さを感じない。自分の言葉を失い、自分を明け渡しているからである。その上、不安だから、そして感情を整理できないから攻撃的、暴力的になる。

このような状態の人々は、よくわからない外部の人、他者との接触を極端に嫌悪する。出家者を中心とした某新興宗教団体のように外部と内部の区別に厳格になり、外部や他者に対して攻撃的で非寛容になる。あるいはよくわからない自分と向き合うのも嫌だから、手軽な占い師のところへ行く。自分で考えるという方法を知らない。

私の友人たちは、このような状態の学校や職場でさまざまなコミュニケーションの冒険を試みている。専門学校で、1年に1冊も本を読んだことがないような生徒にいろいろなコミュニケーション体験をさせた上で、私の『市民の日本語』を配って感想文を書かせるという授業をした人もいる。読むことさえそうとうな苦痛と努力を要したであろう彼らのたどたどしい感想文は、考えること、コミュニケーションすること、他者と出会うということの発見の衝撃に満ちていて感動的だった。中には、感想を書くという行為にまで自分の感情を対象化できず、しかし受けた感動と衝撃を表現するために『市民の日本語』を1冊丸ごと書き写したという女子学生もいる。人が原初的に言葉と出会い、それを獲得していくプロセスとはこのようなものかという感動が私にもあった。

また別の友人は教えている時間の最後に、必ず小さなカードに感想を書かせ、それを1年間続けるという試みをしている。最初は一言二言しか書けな

い学生たちに対して、「なんであきらめるの！言葉にすることをあきらめないで！」と学生の「わかんない」と闘ってきたという。やがて彼らは言葉を獲得しのびのびと自らの思いを表現してくるという。コツは評価しないこととか。

　私たちが受けてきた教育は、ひたすら他者（教師）の視線による評価にさらされることであった。従ってその意を敏感に察知し、いかにして教師の頭の中にある正解にたどりつくかという競争であった。これではまだ不確かな自分というものを他者の前にさらして、やりとりの中で共通の理解や基盤を作り出していく試みである「対話」などという方法は育たない。

　では、こういうことは若者特有のものかというと、どうもそうではない。長い間会社というグルに自分を明け渡した人々も、やはり自分の感情に気づかず、自分と向き合うことが苦手である。リタイア組を採用したスタッフ研修で、読んだ本や研修の「感想」を書かせると、しばしば「評価・評論」ばかりをする人がいる。「感想」というのは、その本や研修内容を自分ごととして受け止めて自己点検し、何を受け止めたのかということ、そして「だから私はどうするのか」ということを書くものだ。しかし「〜〜わかりやすくてとてもよかった。」などと、他人の仕事の評価をしているだけで、思わず「オメーはどうなんだよぉ！」と訊きたくなるような「自分を棚に上げた感想」がしばしばある。コトを自分事として受け止める力は、コミュニケーションにおいて重要な要素だと思うのだが、役目役割によって自我のほとんどを占拠されてしまった人たちは、どんな物事も他人事になりやすい。

4. 上意下達的な関係の変革のために

　ここで書いておきたいことがもうひとつある。権威権力を持つものの言葉についてである。およそこの世で権威権力を持つものは、必ず独特の言葉を持っている。行政や裁判所、学問の世界などである。そしてそれは一般の市民には難解で使いづらいと決まっている。一般の人々が使いづらい言葉を用

いることで、外部の人々の介入を遮断し、彼ら内部の情報を守るわけだ。当然市民は「わからない」ので理解や介入を諦める。その結果、権威権力を持つものは、既得権益や特殊な世界を守り維持することができる。そして利権が発生し腐敗が常態となる。

本当は、市民はわからないままで彼らに説明を求めればいいのだが、「受託した者の委託者に対する全面的な責任」であるアカウンタビリティという言葉が、説明責任などと誤訳されて口先だけのものになってしまう国だから、説明を求める市民の権利はこの国では理解されない。

最近になってようやく、裁判員制度の導入をにらんで裁判用語の見直しが起きているが、他の分野でもそのような言葉の見直しをあたりまえのものにしなければならない。社会教育・生涯学習は、さしずめ行政用語の市民による暗号解読と市民の日本語への書き直しの学習の場でもあるべきだろう。

私は長い間、市民活動の現場に身を置いてものを考えてきたが、行政用語には悩まされてきた。しかし、単なる語彙は意味を覚えれば対処できるが、その身体に染み付いた話法や関係は、簡単には払拭できないものがある。何より、自治職員自身が、自らの身体に刻印された上意下達的な官民関係を対象化し、新しい官民関係を構築することなしには、対等な関係と対話による相互の学びあいは不可能だろう。

自治体職員研修の中でのことである。住民が日常的に抱えている地域の問題解決を考えさせるワークショップをしばしば行っている。その中で、例えば、犬の糞の放置散乱問題の解決を考えさせると、「"犬の糞拾い隊"を住民に組織させ、糞を拾わせる」という名（迷）解答がしばしば登場する。決して自分たちではしようとしないようなことを、住民にさせようとする。必ず使役の動詞で語るのである。あまりひどいので、最近のワークショップでは、ロールプレイを取り入れ、公務員であることを忘れてもらい、地域住民になりきってもらって問題解決を考えてもらうようにしている。そうすると、住民にさせるのではなく、自らが住民として動かなくてはならなくなり、さまざまな知恵と能力が必要になることがわかり、市民が行っているこ

のような活動は簡単なようで実は大変なことなのだということに気づくのだ。だいたい公務員の解決策は陳腐なものが多い。

　私は、このようなワークショップを多用する研修を日常的に行っているが、さらに踏み込んでワークショップの考え方と技法そのものもワークショップを使って覚えてもらうような研修を行っている。というのも、公務員のような人たちに市民に対する身体化された優越感を自覚してもらうためには、一方的なレクチャーでは表層の理解に留まり、ハッと気づく瞬間が生まれない。そして、そのような場は、上意下達的な関係を、対等な対話的関係に変革することができる。そのような体験を日常的な会議や住民とのコミュニケーションの場につくりだすためには、ある程度の簡単なワークショップの考え方と技法が必要だからである。

　実際に、研修でワークショップを体験してもらった受講生の感想をいくつか紹介する。
- 日頃から「市民の立場で考える」と言われているのに、本日のワークショップと先生の解説では「ハッ！！」と気づかされ、まだまだ市民の立場での考えができない自分にがっかりしました。
- 参加者の発言を紙に書きながら会議を進めていく方法は、話題がそれても本題に戻りやすかったり、何を自分たちが話し合っているのかということを分かりやすくすることができたりして、無駄に時間を過ごすことがなくて良い方法だと知りました。またこの時、ファシリテーターの役割がいかに大切かということも改めて知ることができました。
- 講義の初めにみんなの感想を読みましたが、同じ講義を受けていても感じ方は人それぞれで、そうした感想や意見を聞くことでも、いろいろな発見ができるものだなあと思いました（普通は感想なんかを参加者に戻すなんてことはあまりしていませんよね。こういう方法も有効だと思いました）。
- 方法としての問題解決技法は理解できたと思われるが、肝心の解決策は、公務員を25年もやっているので頭が固くなっており役所的思考からどう

しても抜け出せない。
・「公務員がよい仕事ができない5つの理由」に、自分自身ががっかりしたのと同時に、このままではいけない！と思いました。さらに自分自身でさえ行政のトップダウン方式にがっかりしていたのに、住民は毎日の生活でそれを感じているのではないかと思うと、申し訳ない気がしました。住民には参加の権利があり、だから協働することが大切！私も行政の人間であると同時に、地域の一村民であるという立場を認識して、今後の仕事に努めていきたいと考えます。

こんなふうに研修を受けた後では、彼（女）らは、そこで学んだことを自分事として感じ、等身大の不十分な自分自身に気づき、だからこそ自らどうするかについて考え決意しているのである。このようなことは一方通行のレクチャーではなかなか起きないものである。

ちなみにNPO法人の理事は、基本的にボランティアである。会社や外郭団体と違ってNPOは、ボランタリーな普通の市民が舵取りをする組織であるという制度設計になっている。なぜこのような制度になっているのかというと、専従職員や有給理事ばかりで意志決定できる組織になると、その組織のミッションの実現よりも、自分たちの利益を優先する意志決定や仕事の仕方をする可能性があるからである。それを防ぐしくみとして、理事の3分の1以上がボランティア（無給）でなければならないという規定がある。これは、普通の市民に理解できる言葉で計画と報告と意志決定が行われるべき組織としてのNPOの本質を表している。このような専門用語や業界用語を使わないとわからないような閉ざされた組織ではなく、市民に開かれた組織としてのNPOの特性を、行政や企業も見習う時代がやってきている。

こんなふうに言葉は、一種の権力関係の象徴でもあるので、言葉を市民の側に奪還していくプロセスが、上意下達的な官民関係を乗り越えていく大きなツールになり得るのだと思う。『市民の日本語』という言葉に、私はそう

いうイメージを込めている。そして「言葉の力をつける」という方向性と「言葉を聞き取る力を磨く」「言葉を聞き取る場づくりの力をつける」という2つの方向性について、さまざまな試みが求められているのだと思う。

そのような取り組みや試みに参考になるのではないかと私が思うことを2つ紹介しておきたい。

ひとつは、浜田寿美男著『「私」をめぐる冒険～「私」が「私」であることが揺らぐ場所から～』(2005 洋泉社新書)である。浜田氏のことは、甲山事件のことで知的障害のある人の証言の吟味という仕事を通して知っていたが、この本では、発達心理学と法心理学、供述分析という視点から、自閉症児のコミュニケーションの特徴や冤罪が起きるときの新聞記事の文章スタイルや裁判官の文章について深い洞察がある。彼は、自分の中で主客の交換が難しい自閉症児のコミュニケーション特性をもとに、逆に普通に視点の交換ができてしまう私たちのコミュニケーションのあり方の不思議から、対話や「私」の成り立ちに迫る。

　…ことばが成り立っているという、以上のことは、「私」の成り立ちと深いところでかかわっています。
　つまり、「私」とは、聞くことが話すことであり、話すことが聞くことであるという能動―受動のやり取りを重ね合わせながら、そのやり取りの構図が根を下ろしたものだとイメージすることができます。あるいは端的に能動―受動の構図そのものが、「私」であるといっても構わないかもしれません。
　いい換えれば、「私」とは、生活の歴史の中で積み上げてきた他者との共同的な関係の、その場その場の集大成であるということです。(中略)
　「私」がそういった関係のなかからしか生まれてこないこと、他者との関係を生きる、能動―受動の構図を離れたところでは成り立たないものであることを考えてみれば、ことばが対話であることと同様、「私」もまた、

対話であるといっていいのではないかと思うのです。

(引用同書　p97-98 より)

　もう一書が、野沢和弘著『わかりやすさの本質』(2006 生活人新書　NHK出版)である。こちらは知的障害者を対象読者とする「ステージ」という新聞の編集に関わってきた、現職の新聞記者の著書である。さまざまな社会的事象を、知的障害の人たちに理解可能な形で提供するという新聞を長年にわたってつくってきた人の気づきには、浜田氏の著作にも共通するものがあり、教えられることが多い。「ステージ」の取材には、知的障害者本人によるインタビュー記事が掲載されている。私には、野沢さんたちの試みが、言葉を市民の側(この場合、知的障害者本人の側)に奪還していくプロセスとして見えてくるのだ。ここにも「市民の日本語」へのヒントがある。

　倫敦の漱石が、手紙の向こうの妻や正岡子規に、自分を必要とする「読者」を発見したときに「漱石文学」が成立したと言われるように、アカデミック・ジャパニーズの向こう側に、私たちはこの国に生きる多様な他者を発見し続けることができるような、そんな言葉をめざしているのではないか。それは「日本国の公用語である国語」でもなく、「日本民族の言葉である日本語」でもなく、「日本人の言葉である日本語」でもない「この国に生きるすべての市民の日本語」であるだろう。

「ことばの教育」は何をめざすのか
アカデミック・ジャパニーズの地平から見えてきたもの

三宅　和子

1. はじめに

　私はいま、日本人大学生に日本語学（社会言語学）を教えている。留学生の日本語は教えていない。が、日本語教育にはずっと関心をもち続けてきた。というのは、日本語教育が私の教師生活の出発点だったからであり、異なる背景をもつ人々との出会いがもたらす発見と共感が好きだからである。いまでも日本語教育関連の仕事や、留学生の世話をすることが多い。

　日本語学を教える傍ら、一般大学生にいわゆる「日本語表現」[1]的な科目も担当してきた。そのおかげで、最近「日本語表現」を担当し始めた日本語教師との出会いが増え、日本語教育とのかかわりがますます深まっている。私はいわば、日本語学に軸足を置きながら、一方で日本語教育に携わり、また専門教育に軸足を置きながら、一方で共通総合教育に携わってきたわけである。このような立ち位置にいると、大学教育の問題点がその狭間から見えてくることがある。当然とされていることに、密かに疑問を感じることもある。本章は、そのような疑問や発見を提示することから、語り起こしたい。

　大学教育はいま、少子化・ユニバーサル化[2]と社会の情報化というダブルパンチを受けている。教育を取り巻く社会変化のなかで、これまで前提としてきたことが成り立たなくなっている。これからの教育は、大学生をアカデ

ミアに馴染ませることに心血を注ぐのではなく、自律的な市民に育てることをめざすべきであろう。本章は、これまで担当した「ことばの教育」[3]の授業実践を振り返りつつ、自律的な市民を育てる教育には、「対面コミュニケーション」と「場の共有」を重視する必要があることを主張する。さらに、このような教育を成功させるためには、大学組織における正当な位置づけ（システム）と、教育内容（コンテンツ）が、車の両輪のように、相補的かつ有機的に機能していく努力が必要なことを述べる。

2. 大学教育への問い

2.1 大学で必要な日本語とは

　私は2000年から2004年まで「現代日本語表現」という科目を担当してきた。文系5学部16学科の、多いときは100名を越す1年生中心の学生を相手にしてきた。このような多様な専門の学生を前に、実践型の科目をどう教えるか、悩みは深かったが、それを述懐するのが本章の目的ではない。この授業で感じた驚きや気づきが、その後の「ことばの教育」を志向していくきっかけとなったことについて語りたい。

　授業を始めてまず驚いたのは、受講生の多くが大学入学までに、自分の考えや調べたことを構造化して書くという経験をもっていなかったことだった。感想文は書くが論理的な文章は書かない。それどころか、書く習慣が極端に限られており、例えば、板書を書き留めたり教科書や参考書を書き写したりすることが「書くこと」だったのだ。そのためか、自らの誤字や文のねじれに気づかず、文と文、段落と段落をつなぐことができず、まとまった構造をもった文章にできなかった。

　驚いたことの2つ目は、学生間のコミュニケーションがたいへん乏しかったことだった。同じクラスを受けていても学生間にほとんど会話がない。親しい友人同士が一緒に受けている場合は、その間だけで会話が盛り上がる。筆記具やプリントを忘れても隣の学生に借りることができず、授業にほとん

ど参加せずにその時間をやり過ごす。教員の話が分からなくても、じっと座っているだけなのである。欠席すると、課題を問い合わせる友達やクラスメイトがおらず、授業が分からなくなる。この傾向は入学当初に強いが、3〜4年生までそれを引きずったままの学生がいる。ほんの一握りの親しい人間とはノリのいい会話をするが、それ以外の、とくにクラスメイトのような「半知り」[4]状態の人に対して、コミュニケーションが苦手なのである。このような状況は、なにも私の授業だけでも、私の大学だけの話でもない。他の分野や大学の教師と話すうちに、かなり一般的な傾向であることが分かってきた。

　人とうまく話せず、自分の考えや気持ちを構造化して伝えることができない…レポート指導以上に、彼らが必要としているコミュニケーション教育があるに違いない。それはどのような教育なのだろうか。このような問いの答えを探しているうちに、同じような問いをもった、さまざまな領域のさまざまな教師との出会いが生まれ（三宅 2005）、連携が始まった。

2.2　アカデミック・ジャパニーズとは

　ここ 10 年ほどの間に、日本語教師が日本語表現的な科目を担当する例が全国的に増えているようだ。学会などで日本語表現に関連した発表をすると、そんな日本語教師から話しかけられるようになった。

　それと前後して、日本語教育界では日本留学試験の施行の動きがあった（2002 年 11 月に第 1 回の試験。その後 6 月と 11 月の年 2 回）。この試験の詳細は第 I 部の門倉論文に譲るが、その骨子は、「外国人留学生として日本の高等教育機関、特に大学学部に留学を希望する者が、日本の大学での勉学に対応できる日本語力」（＝アカデミック・ジャパニーズ）を測ること（「日本留学のための新たな試験」調査研究協力者会議 2000）とされている。アカデミック・ジャパニーズとは具体的にはどのような能力をさすのか…このような問いが日本語教師から投げかけられても不思議ではない。こうして、「大学での勉学に対応する日本語力」をめぐって、日本語教師と日本語表現担当

者が出会うことになる。

　このめぐり合いは、共同研究などの活動を重ねながら、日本語教育学会のテーマ領域別研究会「アカデミック・ジャパニーズ・グループ」(門倉正美代表)の結成と活動につながっていった。これまでに予備教育、大学教育、大学院教育の異なる立場から発言、発表、講演会などが行われており、個別には見えない問題を気づかせてくれる大変刺激的な場になっている。

　ただし、日本語教育の実践のなかには、大学で必要とされている日本語を教えて「送り出す」ことに目標があるかのように感じられるものもある。大学の専門教師が必要だとする日本語が、留学生にとって必要なアカデミック・ジャパニーズだとする発想がある。だが、専門の教育のスタイルや規範をそのまま受け入れ、それに見合う留学生を育てればことは済むのだろうか。既存の大学の教育に「適応させ」ればいいのだろうか。

　大学での教育そのものが問われている混迷の時代に、「送り出す」発想だけでは、アカデミック・ジャパニーズは貧困なものになってしまうだろう。留学生、日本人を問わず、大学でどのような「ことばの教育」が必要なのかを考えるべきである。日本語教師は、留学生という強力なものさしをもっている。彼らが日本の教育や日本社会に対してもつ違和感や抵抗感は、教育を考えるヒントに満ちている。一般には見えにくいものが見える位置にいる日本語教師が、新しい発想と方法で大学教育の改革に貢献すべきではないだろうか。

2.3　初年次教育と専門教育

　初年次教育に関しても、自ら教えてきたなかで疑問を感じることがある。この教育の目的は「大学での勉学に必要な学習スキルやソーシャルスキル」を育てる(山田 2004)ことが中心だろう。が、ここでも、専門教育に対する問い直しが足りないように思われる。専門教育において期待されている能力が、現代社会における学生の質やニーズに即したものなのだろうか。そもそも、初年次で教育されたことがその後どのような整合性をもって指導されて

いるのか、追跡調査がなされているのだろうか。初年次教育と専門教育の間に確かな連携が行なわれているのだろうか。

　大学教育は、教育の「縦糸」と「横糸」がうまく噛み合ってこそ成功する。教育の縦糸とは、学科の哲学に則って学生を1年生から4年生まで指導していくシステムである。横糸とは、同じ学科の教員間でその哲学を共有し、それぞれの授業に生かしていく努力である。縦糸と横糸がうまく織り成されたとき、期待される学生が育っていく。縦糸の連携として、初年次教育のフォローアップが専門教育で行われることが強く望まれる。

2.4　大学生に必要な教育とは

　こうしてみていくと、いま問い直されなければならないのは、「大学の教育」そのものであることが分かる。

　周知のように、現在は選り好みさえしなければ、どこかの大学に入れる時代である。大学のユニバーサル化はすでに進行している。第1世代(First Generation)問題も、水面下で進行している。第1世代とは(欧米ではすでに表面化している問題だが)、家族の構成員のなかで大学に行くのが初めての学生たち(両親が大学に行っていない)世代を指す。これまで見かけなかったような若者たちも、全入時代には大学に入ってくる。彼らは、家庭の教育環境、学問に対する考え方、自己評価、行動パターンなどさまざまな面で、一昔前の大学生とは異なる背景をもっている。大学側は、学力が下がった、マナーが悪いなどと不満を募らせる前に、これまでの前提を捨て、異なる視野と対応が必要であることを自覚すべきであろう。

　すでに、研究者育成の使命は大学院にシフトしている。卒業生のほとんどは社会に出て働く。大学の使命は、研究者の複製づくりにむなしい努力を傾けることでも、いたずらに専門知識を詰め込むことでもない。社会に出て自律的に生きていける市民[5]を育てることが大切であろう。近くにいる「半知り」の相手と話したり関係を結んだりできない若者、自分の言いたいことが分からない、言いたいことが表現できない若者たちがいる。自分らしさを発

揮しつつ人と協力して生きることのできる「自律的な市民」を育てる、このような教育が「ことばの教育」だと私は思っている。次節では、「ことばの教育」の意味と方法を詳しく考えてみたい。

3.「ことばの教育」の環境づくり

3.1 自律的な市民をつくる

「アカデミック・ジャパニーズ」をつきつめて考えていくと「ことばの教育」にたどりつく。「言葉」と漢字書きしないのは、言語に限定した意味ではなく、表現、理解、心理などを含む言語行動、あるいはコミュニケーションを考えているからである。また、「言語教育」「表現教育」などがもつ、スキルや規則を教える教育という印象を避けたいからでもある。「ことばの教育」には、異なる専門の教育者が関わることができる。私は「ことばの教育」に日本語学、日本語教育の立場から関わっていると考えている。

「自立的」(independent)ではなく、「自律的」(autonomous)であることにもこだわりをもっている。独立している、人に頼らない、という意味が強い「自立的」(independent)ではなく、自分で自分を律して行動することを意味する「自律的」(autonomous)を好んで使っている。つまり、「自分自身で判断し行動する市民」という意味で、「自律的に生きる市民」を育てたいということである。個人が社会の中で受け入れられ、自身の力を生かし、それが結果的に社会の貢献につながっていく、そのような人間を育てることが、今の大学に求められているのだと思う。

苅谷・西は『考えあう技術』(2005)で、学校の果たす役割を「市民社会の担い手となる自立した個人の育成」と規定した。そして、学校は「社会を構成する一人前の大人になるための準備をするところ」だとしている。西はさらに、学校に関係や場面をつくりあげていく力の育成を求めている(2005：56)。同様のところに私のめざす「ことばの教育」が位置づけられるといえよう。

「ことばの教育」で提唱したいことに、「対面コミュニケーション」と「場の共有」の重視がある。自身の経験を踏まえながら解説を加えたい。

3.2 対面コミュニケーション

「現代日本語表現」の前期には、論文・レポートなどのようにアカデミックな「書く」側面の授業を行なっていた。後期には、プレゼンテーションやディスカッションなどの「話す」授業をするほうが整合性があるのかもしれないが、そうはしなかった。同じ「話す」ことを扱う授業でも、日常的なコミュニケーションへの気づきや対人的心理バリアを突破させることのほうが先決のように思えたからである。また、学生自身が1人の個人として授業に参加し、その授業の成功に責任をもつ気持ちを育みたいと思った。

東洋大学の文系5学部の学生は、入学後の2年間を埼玉県の朝霞キャンパスで過ごすことになっていた[6]。数百人の大教室で行われる科目では、教師から名前を覚えられることもない。サークルなどで親しく交遊することはあっても、同じ授業に出ているクラスメイトに一言も声をかけずに1年が過ぎる場合もある。バイトか趣味のサークルが主な社会生活であり、同じキャンパスにいても学生間相互のコミュニケーションは希薄である。このような環境では、授業でうまくプレゼンテーションができる以前に、人とのコミュニケーションに関する基本的認識や、学習を「共に考えていく」授業が大切だと考えた。そこで後期は、人前で相手に分かるように話すには、どのようなことに気をつけるべきか、人の話が分かる聞き方とはどのようなことかを考える授業を行った。活動内容は以下の通りである。

<u>人に分かる話し方、人の話が分かる聞き方を学ぶ</u>
(2004年度の例。カッコ内は発表者の種類と人数)
◆第1週　イントロダクション：図形説明―聞き手が分かるように話す工夫（1名）
◆第2週　自己紹介（1分間）：自分を印象深く覚えてもらうためには（全員）

◆第3週　私の部屋説明：聞き手に正確な情報を伝えるには（2名＋聞き手1名）
◆第4週　家の道順：聞き手の立場に立って情報を伝えるには（2名＋聞き手1名）
◆第5週　結婚式スピーチ（3分間）：どんな内容が期待されているか（2名）
◆第6週　電話の問合せ：留学ツアー、日本語ボランティア教室（2名×聞き手2名）
◆第7週　依頼（留学の推薦状を教員に書いてもらう）：手順・行動（2名×教員2名）
◆第8週　就職面接1：会社はどのような人物を求めているのか（調査と発表）（2名）
◆第9週　就職面接2：どのようにしたら自己がアピールできるか（2名）
◆第10週　ゼミ発表：異なる専門の人にも分かる発表・レジュメとは（2名）
◆第11週　ゼミ発表：異なる専門の人にも分かる発表・レジュメとは（2名）
◆第12週　レポート提出　まとめ

　授業をインタラクティブにするため、以下のような工夫をした。
①学期の当初に発表担当者を決め、毎週違う人やグループが発表を行う。
②次の週の発表に関連した課題に宿題として取り組み、
③当日は発表を一定の枠組みをもって聞き、
④グループに分かれて発表について批判的なディスカッションを行い、
⑤グループで話し合ったことを発表し、
⑥各自がコメントシートに書いて提出する。
⑦発表者はコメントシートを読んで、自分の反省、意見を書く。

常に宿題シート、授業中の活動シート、そしてコメントシートがセットになった形で進行した。
　発表者が準備をする段階で、他の発表者の方法が参考になる。発表後はク

ラスメイトの意見を直接、あるいはコメントシートの形でもらい、それを踏まえた「振り返り」の文章を書くことで自分の発表を反省したり、よかったことを自覚したりすることができる。一方クラスメイトは、発表の前にそのトピックに関する宿題を終えているので、発表を聞く準備ができている。また、発表の内容や仕方をグループディスカッションすることで、自分の気づかなかったこと、異なる意見を聞く機会を得る。最後に意見をまとめてコメントシートに書くことにより、自分の意見をもう一度まとめる、人の意見を取り入れる、といった訓練を行うことができる。

発表に際しては、インタラクティブであることの効果を常に意識させるようにした。例えば、1人で行うときと相手がいるときではどのように違うか、話し手だけではなく、聞き手の立場ではどうなのだろうか、といったことを意識させるのである。活動には聞き手役を配置してその役も演じてみるようにした。コミュニケーションとはあくまでも相手があってこその、インタラクティブなものであることを理解させる狙いがあった。

この授業は大変好評であった。その理由は様々に考えられるが、学生が書いた評価・コメントをまとめると、次のようなことであった。

　　身近な話題の中でじっくりと考えたため、講義でいろいろ教えてもらうより学ぶものがかえって大きかった。人前で話すことにゲーム感覚で楽しめる要素が入ったことにより、発表に弾みがついた。グループで話し合いをさせられたことで、普段なら話しかけない相手と話をすることになり、はじめは気乗りしなかったが、次第に楽しくなった。グループに分かれ、グループごとの競争意識が刺激されると、積極的に手を挙げるようになった。小さなグループに分かれたことで、グループ内で自己開示が行われ、メンバーと親しくなる現象が見られた。クラスメイトがコメント用紙で自分の発表をほめたり、改善点を指摘したりしてくれたことで、クラスに対して積極的な気持ちになれた。またクラス全体での発言回数が増えたことで、クラスメイトの名前と個性が分かった。

学生は考えたり工夫したり緊張したりしながら、前期の授業より真剣に楽しく取り組んだ。このような、クラスメイトと直接話したり活動したりする対面コミュニケーションの授業は、アクセルがかかるまでに抵抗が強かったり時間がかかったりする。が、一度調子が出てくると、学生の間で自然に動き出す。かれらは対面コミュニケーションが嫌いなのではなく、苦手意識が強いのである。だからこそ、教師側からこのような場を設定することが重要になってくるのである。

3.3 場の共有

「場の共有」は、「対面コミュニケーション」と切り離せない関係にある。私たちのコミュニケーションは、電子メディアの発達で急速にしかも激しく変容しつつある。いまでは、人と対面せずにものごとを処理したり、会話をせずに情報を伝えたりすることが容易にできる。人と顔をつき合わせて話すのは緊張する。あまり親しくない気心の知れない人だとなおさらである。若者の場合、人生経験も短く社会的にも不確定なので、適切なことばづかいや態度にも不安がある。人と面と向かって話さずに済むのであれば、そのほうが安心である。顔を合わせるコミュニケーションよりも、ケータイや電話のような非対面のコミュニケーションのほうが楽に感じる。そして、それでことが済んでしまうと、ますます対面コミュニケーションが億劫になるという悪循環が生まれるのである。

顔を合わせなくて済むのと同様に、相手と空間を共有しなくても物事が処理できるようになってきている。ケータイを使えば、いつでもどこでも相手と繋がり、気持ちを伝えることができる。同じ空間にいることの意味が希薄になってきているのである。

ただし、同じ空間にいればコミュニケーションができていると考えるのは早計だ。私はここで、「空間(space)の共有」と「経験(experience)の共有」を分けて考えたい。現代は、たとえ空間(space)を共有していても、経験(experience)を共有していないことが多々ある。例えば、家族の中でも、同

じ家にいながら場の共有感が薄れつつある。同じ空間に寝起きしていても、それぞれが自分の都合のいい時間に起きて食事し外出する。それぞれの時間に帰ってきて夕食をとり、テレビを見る。家を出れば、すれ違っても挨拶をしない相手がいる。一定の人と、同じ空間と同じ経験を共有すること（場の共有）が少ない時代を、私たちは生きているのである。

　そのような環境にいる大学生にとって、大学は「行く」場所であり、「過ごす」場所ではなくなっている。同じキャンパスにいても、お互いが共有する場をもっているとは感じていないだろう。だからといって、彼らが場の共有を必要としていないということではない。むしろ渇望しているように私には映る。アルバイトやサークル活動にのめり込みがちなのも、それらが経験を共有する空間であり、家庭にも大学にもない何かを与えてくれるからなのではないだろうか。

　このことを、私のゼミを例にもう少し考えてみよう。ゼミとはいえ、3年生と4年生合同の、毎年45人ほどもいるクラスで、「日本語学研究入門」といったイメージに近いかもしれない。このゼミで私はここ数年、ケータイメールの研究を行っている。学生達が友人と交わしたメールをクラスに提供してもらい、それをデータとしてさまざまな観点から分析している。自分たちの身近なことばが言語研究の材料になること、ほかの人の言語行動が見えることなどとも相俟って、学生は熱心に取り組む。

　当初の仕掛けはケータイメールという材料だけだった。しかし、学生たちの反応を見ているうちに、もっと楽しく有意義に学ばせたいという欲が出てきた。というのは、この時間と労力のかかるゼミ活動に嬉々として取り組む学生が少なからずいたからだった。加えて、グループを組んで活動することで、クラス内外で学生の接触が増え、それがゼミという「場の共有」を生み出す過程が見えてきたからである。これをクラス運営の中に確固とした形で組み入れたいと考えた。そこで、皆の研究結果を最終的には報告書としてまとめ、学内外に配布することを目標として立て、以下のような仕掛けを用意した。

〈クラス運営の工夫〉
　①自分の興味のあるテーマを選び、興味を共有する他の学生と組んで研究方法を考える。こうすることで学生の動機が高まる。
　②前年の活動報告書を読んだり、前年3年生だった4年生に聞いたりする。失敗と成功から学び、先輩後輩の継続性を生かすことができる。
　③グループを作ることで相互責任をもたせ、やる気がでない学生を減らす。他のグループとの静かな競争意識が生まれプラスに働きやすい。
　④授業中だけでは消化できないので、クラス外でもミーティングをもったり掲示板を立ち上げたりして活動を続ける。それが充実感と連帯感につながる。

〈全体の流れ〉

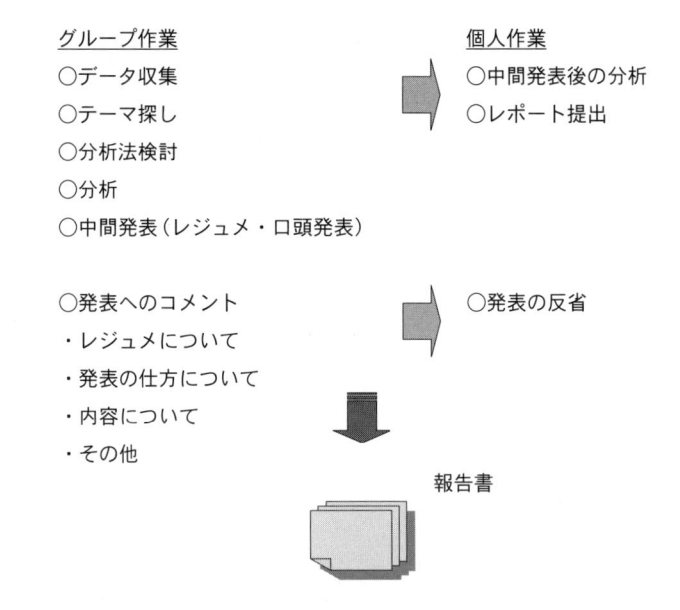

<u>グループ作業</u>　　　　　　　　　　<u>個人作業</u>
○データ収集　　　　　　　　　　○中間発表後の分析
○テーマ探し　　　　　　　　　　○レポート提出
○分析法検討
○分析
○中間発表（レジュメ・口頭発表）

○発表へのコメント　　　　　　　○発表の反省
　・レジュメについて
　・発表の仕方について
　・内容について
　・その他

　　　　　　　　　　　　報告書

　この活動で私自身が学んだことは大きい。大学生は学びたくないのではなく、学ぶ対象や学ぶ意欲、学ぶ意味が見つけられないでいるのだ。学ぶ場が

共有でき、支援する教師がいれば、自ら学び始めることも可能なのだ。

　大学の授業やゼミの仲間が、空間を共有しながら同じ経験・活動をすること（場の共有）の意味は大きい。大学という空間と教師、そして若い人々が共に活動するコミュニティーは、関係性を失いつつある社会のなかで、貴重な経験と新たな提案を生みだす可能性を秘めている。

4.「ことばの教育」を実現する―システムとコンテンツ

　小さな試みを行っている教員は日本中に多数いると思う。それぞれの工夫がそれなりの効果を挙げ、学生に学ぶ意欲を与えていることと思う。しかし、と私は考える。教師がいくらがんばっても、単独の授業は自己満足で終わってしまいかねない。それは単発の打ち上げ花火のようなもので、教育全体どころか、所属大学の教育への示唆にもなりにくい。

　筒井（本書）は、言語表現科目の立ち上げから現在までの活動を振り返り、1人のパフォーマンスや努力の結晶だけでは、大学生の言語表現教育は変わらないことを強調している。井下（2005：103）も、自身の教育指導を振り返りつつ、これらの実践を「一人のあるいはひとつの授業枠でデザインされる授業論ではなく、カリキュラム論として論じていかなければならない」と述べており、大島（本書）もこれに共感している。私自身、自己の実践が大学の中で何らかのインパクトを与える機会がない限り、努力が報いられることはないと思っている。

　教師個人の努力と大学の対応の関係は、コンテンツ（内容）とシステム（制度）の問題として考えていかなければならない。いかにコンテンツ（内容）が良くても、それを支えるシステム（制度）がなければ、単独の工夫や努力で終わってしまう。優れたコンテンツ（内容）の授業デザインやシラバスが、大学のカリキュラム全体のなかでうまく配置され、構造的に意味のあるシラバスとしてシステム（制度）化されたとき、大学の教育は変わる。システム（制度）とコンテンツ（内容）は、相補的でなければならない。両方が車の両輪の

ように、うまく噛み合って回る必要があるのだ。コンテンツを改善していく努力の一方で、大学内外の連携を強めたい。これまでも、学外の志を同じくする人との連携は多くの実りを与えてくれた。今後は、トランスディシプリナリー（超領域的）な教育者集団として、新しい教育の考え方や方法を提案し、実行に移していく必要がある。そのような活動が大学のシステムを外から動かす原動力になっていくのではないだろうか。

5. おわりに

　本章のはじめに、私の教育者生活は日本語教師として始まったと書いた。海外で日本語を教え始めたころ、大学教育の質や内容など、私の関心にはなかった。学生に日本語がうまく使えるようになってほしいとだけ思っていた。その後、日本での日本語教育に慣れ始めたころ、今度は日本人を教え始めた。そこでは、さまざまな違和感を味わった。日本語学習者と比べると日本人は扱いにくく感じられ、苦手意識をもったのである。

　ところが、その後日本人大学生が見せてくれた小さな行動やことばがきっかけで、彼らを見つめ直し、理解し、自分らしく生きられるように支援したいと思うようになっていった。いわば、学生が私を教育に目覚めさせてくれたのである。

　そして、すっかり日本人のための教育に浸ってしまったころ、日本語教育に再びめぐり合った。アカデミック・ジャパニーズの探求という活動を通してであった。日本人大学生にとって必要な日本語とは何か、大学の教育はいかにあるべきかという問いが、アカデミック・ジャパニーズへの問いと重なっていったのである。

　日本語教育と大学の専門教育…ともに考えてきた教育の地平から見えてきたものは、留学生にとっても、日本人大学生にとっても大切な「ことばの教育」であった。自分を見つめ、自分を生かし、それが社会貢献につながる「自律的な市民」を育てる教育。それは、もはや「ことばの教育」というより、

教育そのものといえるのではないだろうか。

注
1. 大学生の論理的な文章作成指導やスキル教育一般に「日本語表現」という名称が使われることが多い。本章もその流れに従う。この名称が使われるようになった経緯については筒井論文を参照。
2. マーチン・トロウ（Martin Trow）は、1970 年代のアメリカでの高等教育の状況を分析し、エリート→マス→ユニバーサル（高校卒業者の 50%以上が大学に行く状態）の順で進化の道をたどっていると説明した。詳しくはトロウ・マーチン（2000）を参照。
3. 「ことばの教育」は、ここでは、言語をめぐるコミュニケーション全般を含む概念として提示した。
4. 「半知り」とは、親しくはないが知らないわけではない人間関係の相手をさす（笠原 1977）。例えば、クラスメイト、先生、近隣の人たちは「半知り」の相手である。これらの相手に対して、日本人は対人恐怖を起こしやすいという。対面コミュニケーションへの苦手意識は日本人の様々な言語行動に反映される。例えば、感謝する場面でも相手の負担に敏感で、ちょっとしたことに恐縮したり詫びたりする傾向が強い（三宅 1994）。
5. 私はこれまで「自律的な社会人／個人を育てる」という表現を多く用いてきた。そこでの「社会人／個人」の意味は、本書で筒井、向後、加藤氏が使っている「市民」にほぼ等しいため、ここでは統一した。
6. 2005 年度より、文系 5 学部の 1 年生から 4 年生まで白山キャンパスで学べる一貫教育が実現している。

参考文献

井下千以子 2005「学士課程教育における日本語表現教育の意味と位置―知識の構造化を支援するカリキュラム開発に向けて―」『大学教育学会誌』, 27(2), 97-106. 大学教育学会

笠原嘉 1977『青年期』岩波書店

苅谷剛彦・西研 2005『考えあう技術―教育と社会を哲学する―』筑摩書房

三宅和子 1994「『詫び』以外で使われる詫び表現」『日本語教育』, 82, 134-146. 日本語教育

学会

三宅和子 2005「大学における『日本語』教育の総合的展開―自律的な個人を育てる人間教育をめざして―」門倉正美代表『日本留学試験とアカデミック・ジャパニーズ(2)』平成 14 〜 16 年度科学研究費補助金(基盤研究(A)(1)一般)研究成果報告書 pp. 170-178

「日本留学のための新たな試験」調査研究協力者会議 2000「日本留学のための新たな試験について―渡日前入学許可の実現にむけて―」http://www.jasso.go.jp/eju/report.html (2006 年 2 月現在)

トロウ・マーチン 2000『高度情報社会の大学』喜多村和之訳 玉川大学出版局

山田礼子 2004「わが国の導入教育の展開と同志社大学での実践」溝上真一編『学生の学びを支援する大学教育』東信堂 pp. 246-271

執筆者紹介(執筆順)

門倉正美(かどくら　まさみ)　横浜国立大学留学生センター教授　〈編者〉
東京都生まれ。東北大学大学院文学研究科博士課程単位取得退学。1979-1993年、山口大学教養部で哲学・論理学を担当、1993年から現在まで横浜国立大学留学生センターで日本語・日本事情教育に従事。専門は、日本語教育、メディア・リテラシー。「メディア・リテラシーの世界」(『ことばと文化を結ぶ日本語教育』凡人社 2002)、「教養教育としてのアカデミック・ジャパニーズ」(『月刊言語』34(6), 2005)

嶋田和子(しまだ　かずこ)　イーストウエスト日本語学校副校長
東京都生まれ。津田塾大学英文科卒、放送大学大学院文化科学研究科修士課程修了。専門は、日本語教育、ACTFL-OPIトレーナー。『日本語の達人への道(韓国語)』(サラムイン出版 2000)、『世界がステージ！』(共著 岩波ジュニア新書 2002)、「日本留学試験に対応した日本語学校の新たな取り組み」(『日本語教育』126, 2005)

堀井惠子(ほりい　けいこ)　武蔵野大学文学部教授
東京都生まれ。青山学院大学文学部卒業。国立国語研究所日本語教育センター日本語教育長期専門研修課程終了。日本語学校の教務主任、武蔵野(女子)大学非常勤講師、専任講師、助教授を経て現職。実践女子大学非常勤講師兼務。専門は、日本語教育学、異文化間教育学、留学生教育。『日本語教育への扉』(凡人社 2005)、『いきいき日本語』(凡人社 1988)、『無伴奏』(角川学芸出版 2005)など

山本富美子(やまもと　ふみこ)　立命館アジア太平洋大学アジア太平洋学部教授
愛知県生まれ。名古屋大学大学院文学研究科修士課程修了。1984年から名古屋大学総合言語センター(現、留学生センター)で日本語教育に従事。1996年に富山大学人文学部講師、1998年に立命館大学法学部助教授、2000年から現職。専門は、日本語教育、第二言語習得研究。『国境を越えて(改訂版)』[本文編][タスク編](編者・共著 新曜社 2006)、「日本語談話の聴解力と破裂音の知覚との関係」(『音声研究』8(3), 2004)

二通信子(につう　のぶこ)　東京大学留学生センター教授
千葉県生まれ。カナダ、レスブリッジ大学教育学研究科修士課程修了。聾学校で幼児から高校生までを対象とした言語指導、国語教育に携わった後、1990年から北海道大学留学生センター、北海学園大学で日本語教育に従事。2003年から現職。専門は、日本語教育。『改訂版　留学生のための論理的な文章の書き方』(共著 スリーエーネットワーク 2003)、「アカデミック・ライティング」(『日本語教育年鑑 2005年版』くろしお出版 2005)

大島弥生（おおしま　やよい）　東京海洋大学海洋科学部助教授
東京都生まれ。お茶の水女子大学大学院修士課程人文科学研究科日本言語文化専攻修了。1989年より日本語教育に従事、日本語学校、香港大学、横浜国立大学留学生センター等を経て、1997年より東京水産大学水産学部に勤務。大学統合後、2005年より現職。専門は、日本語教育。『ピアで学ぶ大学生の日本語表現―プロセス重視のレポート作成』（共著 ひつじ書房 2005）、「見せない自分を語る：留学生・日本人学生間の作文交換に見られる自己開示」（共著『留学生教育』9, 2004）

向後千春（こうご　ちはる）　早稲田大学人間科学部助教授
東京都生まれ。早稲田大学大学院文学研究科博士課程単位取得退学。博士（教育学）（東京学芸大学）。1990-2002年、富山大学教育学部助手、講師、助教授を経て現職。専門は、教育工学、心理学。『自己表現力の教室』（情報センター出版局 2000）、『認知心理学者　新しい学びを語る』（北大路書房 2002）

筒井洋一（つつい　よういち）　京都精華大学人文学部教授　〈編者〉
京都府生まれ。神戸大学大学院法学研究科単位取得退学。1986-2001年、富山大学教養部・人文学部で国際関係論担当。2001年から現職。専門は、情報社会論、国際関係論。『自己表現力の教室』（情報センター出版局 2000）、『言語表現ことはじめ』（ひつじ書房 2005）

中村敦雄（なかむら　あつお）　群馬大学教育学部助教授
福岡県生まれ。東京学芸大学大学院教育学研究科修了。1989-2000年、東京都立府中工業高等学校教諭。2000年から現職。NHK高校講座「国語総合」講師。専門は、国語科教育学、メディア・リテラシー、レトリック。『日常論理の言語とレトリック』（教育出版センター 1993）、『メディア・リテラシーを育てる国語の授業』（共著 明治図書 2001）、『レトリック探究法』（共著 朝倉書店 2004）

加藤哲夫（かとう　てつお）　特定非営利活動法人せんだい・みやぎNPOセンター代表理事・常務理事。日本NPO学会理事。日本NPOセンター理事。東北公益文科大学大学院非常勤講師（コミュニティビジネス起業論）他
福島県生まれ。出版社経営等を経て、1997年NPO支援センター設立、現職。専門は、非営利組織論、非営利経営論。『市民の日本語』（ひつじ書房 2002）、『一夜でわかる！「NPO」のつくり方』（主婦の友社 2004）

三宅和子（みやけ　かずこ）　東洋大学文学部教授　〈編者〉
福岡県生まれ。筑波大学大学院地域研究研究科修了。編集者を皮切りに多様な仕事を経験後、英国で日本語教育に従事。筑波大学留学生センター非常勤講師、東洋大学短期大学講師、助教授を経て現職。専門は、社会言語学、日本語学、日本語教育。"Learners' Writing Clinic"（共著 鶴見書店 1999）、『メディアとことば』1, 2（共編著 ひつじ書房 2004, 2005）

アカデミック・ジャパニーズの挑戦

発行	2006年6月7日 初版1刷
定価	2400円+税
編者	門倉正美・筒井洋一・三宅和子
発行者	松本 功
装丁	アサヒ・エディグラフィ + T.o.h.
印刷所・製本所	三美印刷株式会社
発行所	株式会社 ひつじ書房
	〒112-0002 東京都文京区小石川5-21-5
	Tel.03-5684-6871 Fax.03-5684-6872
	郵便振替 00120-8-142852
	toiawase@hituzi.co.jp http://www.hituzi.co.jp

ISBN4-89476-275-7

造本には充分注意しておりますが、落丁・乱丁などがございましたら、小社かお買上げ書店にておとりかえいたします。ご意見、ご感想など、小社までお寄せ下されば幸いです。

日本語表現法のニューウェーブ
日本語を書くトレーニング
野田尚史・森口稔著　1000円＋税

日本語を話すトレーニング
CD-ROMつき
野田尚史・森口稔著　1100円＋税

ピアで学ぶ大学生の日本語表現
大島弥生・池田玲子ほか著　1600円＋税

言語表現ことはじめ
筒井洋一著　1100円＋税

スタディ・スキル
広げる知の世界
北尾謙治ほか著　1600円＋税

日本語教育
対人関係構築のためのコミュニケーション入門
徳井厚子・桝本智子著　1800円＋税

成長する教師のための日本語教育ガイドブック　上・下
川口義一・横溝紳一郎著　各2800円＋税

OPIの考え方に基づいた日本語教授法
山内博之著　2200円＋税